全员领导力

管理只有一件事，就是激发全员领导力

许辉◎著

中国纺织出版社有限公司

内 容 提 要

事必躬亲的领导者往往费力不讨好，领导者要学会授权员工、赋能员工、激励员工。企业管理归根到底还是对人的管理，要激发团队活力，提高团队效率，就需要激发每一位员工的领导力，构建全员领导力的组织。本书剖析了全员领导力，包括低效能团队的特点及全员领导力组织的内涵，详细解读了激发、培养全员领导力的实用方法，点明了提升全员领导力的要点及全员领导力的支柱。全员领导力能让员工产生从"要我做"到"我要做"的积极转变。本书不仅适合企业领导者阅读，也适合想要提升领导力的每一位读者。

图书在版编目（CIP）数据

全员领导力 / 许辉著. --北京：中国纺织出版社有限公司，2023.6
ISBN 978-7-5229-0572-3

Ⅰ.①全… Ⅱ.①许… Ⅲ.①企业管理 Ⅳ.①F272

中国国家版本馆CIP数据核字（2023）第080634号

责任编辑：曹炳镝 段子君 责任校对：高 涵 责任印制：储志伟

中国纺织出版社有限公司出版发行
地址：北京市朝阳区百子湾东里 A407 号楼 邮政编码：100124
销售电话：010—67004422 传真：010—87155801
http://www.c-textilep.com
中国纺织出版社天猫旗舰店
官方微博 http://weibo.com/2119887771
三河市延风印装有限公司印刷 各地新华书店经销
2023 年 6 月第 1 版第 1 次印刷
开本：710×1000 1/16 印张：14.5
字数：160 千字 定价：58.00 元

　　我与许辉相识十多年了，那时她在正大集团农牧食品企业人力资源职能线工作，她卓越的领导能力、出色的领悟力及难能可贵的敬业与钻研精神为人称赞。

　　从负责一个公司的人力资源工作到负责集团的人力资源工作，许辉一步一个脚印，通过很多贴合实际、与时俱进的创新和实践，培养出一大批行业的优秀领导者。她是集团一系列变革的参与者和推动者，助力了所在公司经营业绩的提升，使其在集团诸多公司中名列前茅。她让公司人力资源工作实现了从传统的人事管理到人力资源管理，再到战略人力资源管理的逐步升级和转型。

　　《全员领导力》一书可读性和实操性比较强，书中的内容都是作者多年来在管理领域悉心钻研和实践的经验总结，是践行"利他"精神的体现。细读本书，既能带给领导者高效带领团队的启示，也能帮助年轻人在职场中成长精进，取得成果。

　　令我印象特别深刻的是书中提出要激发员工潜能，让每个组织成员像动车车厢一样产生自我驱动力，帮助员工实现目标管理，做好平台搭建与赋能，改变低效能管理团队的状态。如何有效管理，培养正确的领导力是任何企业都绕不开的话题。要想焕发组织活力，就需要全员参与，而员工参与的意愿是没有办法通过下命令提高的，只有让员工产生自我驱动力才能最大程度发挥员工的潜力。经营企业先经营人心，经营人心先体察人性，相信这样一本来自实践的好书会让读者有所启发。

西安洪翰文化传播有限公司创始人、董事长　康朝

2023 年 5 月

管理就是激发"全员领导力"

领导者在带团队的时候会遇到各种各样的问题，他们发现总有一些员工不会主动做事，没有惩罚措施就无法保证工作进度。有的员工遇到问题，首先想到的是推卸责任甚至扯皮，更多的员工则是没有物质激励就不愿意多干，当和尚却连钟都不愿意撞，导致很多领导者认为带团队做管理很累。全靠领导推动，不但成效甚微，更谈不上是有效的管理方法。

以上是领导者普遍遇到的"窘境"，而出现这种状况的团队往往是"领导者—下属"的模式。这种模式在以前是有效的，在关注员工短期表现时是可行的，但时间一久，"英雄式"的领导者后面往往是一群不会积极主动思考，凡事只听命令又怠惰的员工。

"领导者—下属"模式更像绿皮火车，只有车头做牵引进行带动，其他车厢没有动力，而"领导者—领导者"模式更像动车组，没有火车头做牵引，但每节车厢都有发动机。团队就像一列长长的动车组，每节车厢都可以自驱动、自释放能量。在这样的团队中，每一名员工、每一个基层领导者都愿意动脑子，像创业者一样去认真思考每一个日常所遇到的问题。这就是激发全员领导力的核心。

有效的管理只需做好一件事，那就是激发全员领导力。何谓全员领导力？顾名思义，就是不论是管理层还是普通员工，都具备领导能力，而不像以往一个企业只有领导者能够发号施令，员工只是被动的执行者。全员领导力是"自上而下"和"自下而上"的横向领导模式的结合，使领导者和员工形成一个有生命力的组织，形成一种人人都贡献、人人都共享的团队氛围，彼此成就，共同实现预定的目标。

一旦人人都像领导者一样去思考问题，就会变"要我做"为"我要做"，员工也会具备和企业主及管理者相同的主人翁意识。如果全体员工能做到与领导者上下一心，那就是一股无可比拟的强大力量。

随着现代企业管理理论的快速发展和管理实践的不断进步，企业的人力资源管理越来越倾向于以"人"为导向，这就要求企业培养和激发员工的领导者意识。领导者意识是团队氛围的要项，是一种信仰，更是一种实践，它所蕴含的不仅是一种肯定和认同，更是一种责任和使命。让员工不再单纯地执行和追随，而是能拥有主人翁意识，奠定企业全体员工集体奋斗的思想基础，以充分调动员工积极性、增强企业凝聚力、提高企业竞争力，来不断适应市场经济的需要。

本书通过分析传统管理模式中严格的等级制度带来的弊端，来正确理解领导力的核心内涵；通过让员工清楚地认识到自身的价值和潜力，来激起他们强烈的奋斗意愿。当下我们必须学习的是"全员领导力"横向联结的模式，究竟怎么做，答案就在本书里。

许辉

2023 年 2 月

第1章　低效能团队的状态

领导者一个人推动，员工无动于衷 / 2

层级太多，员工缺乏责任意识 / 5

责、权、利不清晰，组织出现内耗 / 8

组织成员的精力用于"夺权"而不是"创造" / 11

部门墙厚重，各人自扫门前雪 / 14

员工没有责任意识，遇到问题互相扯皮 / 17

领导者不在组织就无法运转 / 20

第2章　全员领导力组织形态的内涵

全员领导力组织与传统组织的区别 / 24

对领导力的正确认知 / 26

团队是"金字塔"还是"球队" / 29

实现全员参与经营管理 / 32

为员工描绘共同的愿景 / 36

实现部门间的横向整合 / 39

人人都能成为领导者 / 42

第3章　管理权力下放，构建扁平化组织

权力和控制的关系已经不适合管理企业 / 48

管理就是学会放手 / 51

实现组织的扁平化管理 / 54

领导力的三个阶段：自我管理、团队管理、经营管理 / 57

成为领导者，而不是管理者 / 60

领导者传达的是思想力和影响力 / 63

领导者的领导力 = 员工的执行力 / 66

打造为员工赋能的平台 / 69

第4章　领导力训练：让全员具备"打胜仗"的思想

消除自上而下的监管体系 / 74

用好早期谈话，提升工作效率 / 77

领导者要克制提供解决方案的冲动 / 79

鼓励员工追求卓越而非减少错误 / 82

让员工使用"我计划……"流程 / 84

为员工提供反馈意见 / 86

让员工对目标有更清晰的认识 / 90

激发参与感，别让员工单纯"为了钱"工作 / 93

创造集体归属感和团队价值 / 96

全员形成"拥抱检查人"的认知体系 / 99

第5章　激发全员领导力的方法

领导力来自能提出关键问题 / 104

做员工的教练，与员工相互成就 / 107

打造学习型组织 / 109

领导者敢于对每个人授权 / 112

不间断地重复强调愿景 / 115

让整个团队明确目标 / 117

用流程帮助目标实现 / 121

实现目标的 SMART 原则 / 125

启发员工找到解决问题的方法 / 128

第6章　提高员工效能，培养全员领导力

领导者以身作则，带员工一起冲 / 134

唯才所宜，预防优秀人才流失 / 137

工作氛围融洽，才有活力和高效 / 141

领导力需要具备"大局观" / 144

给整个团队带来"能量感" / 146

践行"以人为本"的管理目标 / 149

敢于给员工高工资 / 152

即时性认可最能驱动员工 / 155

最好的激励是让员工给自己干 / 159

奖励优秀者，坚决淘汰不胜任者 / 162

信任能提升效率降低成本 / 165

只有同事没有员工，构筑彼此信赖的伙伴关系 / 169

第7章　提升全员领导力的要点

授予权力而不热衷控制 / 174

避免高高在上"下命令"，要多鼓励 / 177

给员工下命令的时候允许质疑 / 181

进行长远打算而不是短期考虑 / 183

取消无效、重复的工作 / 186

消除无实际意义的流程和步骤 / 190

全员养成内向思维、数字思维、成果思维 / 193

第8章　全员领导力的支柱

照顾员工，不局限于工作期间 / 198

用企业文化激励员工 / 201

采用绩效使能，激发员工内驱力 / 205

团队要做好共识管理 / 209

提升领导力是每一个人的事 / 212

用领导力激活组织和个人 / 215

参考文献 / 219

后记 / 221

第1章

低效能团队的状态

领导者一个人推动，员工无动于衷

企业领导者遇到最头疼的事情就是自己有很多宏伟目标和理想，想让企业走得更好，但说出来员工并不响应，做事时往往是领导者一个人在推动，其他人都无动于衷。领导者一开会，员工唯唯诺诺，领导者一指挥，员工阳奉阴违，对上不好交代，对下又担心员工干不好，所以一些中高层领导者每天亲自干事情，很忙碌，明明是一个团队的领导者，却忙得抽不出身来做更长远的规划。一个组织如果是这样的状态，那么会陷入一种病态的循环。

在管理中，经常会出现这种情况：领导盯得紧一点，员工就动一动，领导在时员工的状态一个样，不在时员工的状态又是另一个样，更有甚者当面和上级顶撞。遇到这样的情况领导者应该怎么办呢？

管是推（推动），理是拉（吸引），只推不拉，领导者身心疲惫；只拉不推，管理失去控制权。

出现这样的情况，往往是由于管理模式中常见的"领导者—下属"模式。这种模式就是领导者给出目标，分解任务，然后下属去完成，为了保证方法和结果的可控，对于中间的过程，领导也会严格把控。这样一来，下属会按部就班地工作，不会提出创新性解决办法，因为他们明白，即使提出了方法也会被否决，多一事不如少一事。这种模式特别考验领导者的能力，如果能力强大，也会取得不错的成绩，但是过程会很累，因为事事都需要领导亲力亲为，员工不会或很少发挥自身的智力因素。久而久之，企业发展就会遇到瓶颈，停滞不前。

领导者无法驱动员工的根本原因在于，员工觉得领导者做的事情跟自己没有关系，领导想实现的伟大理想跟自己有什么关系？其本质就是个人愿景与公司愿景的割裂。真正出色的领导者一定会把员工的个人使命和为之奋斗的目标连接到公司，把个人梦想跟组织梦想做连接。因为员工没有内驱力，组织就没有更好驱动员工的方法，就会使员工丧失内在的动力，变得不积极。

在仅靠领导者一个人驱动的组织中，领导者变成了员工的下属，时间被员工占用了。这样的组织员工有问题就会来找领导解决，员工会习惯性地依赖领导，如此一来，领导者的时间会被员工大量占用，领导者都没有时间做自己的工作，反而把时间都用在帮员工解决疑难问题上。只有员工比领导做得更好，比领导更优秀，这个组织才是能实现良性循环的组织。所以，真正的管理不是由一个人推动，而是要培养一群能解决问题、能独立面对问题的员工。领导者最重要的资源就是自己的时间，而不是事必躬亲。领导者不要把忙碌和"救火"当作成就，成就的衡量标准是结果，有了结果之后全员才会去追溯过程，积累更多好的经验。

那么，怎样提高员工主动性呢？那就是激发员工工作的内在驱动力。

企业可以制定各项规章制度，甚至可以用领导的权威对员工进行压制，但这个属于外部的压力，只能起到短暂的作用，很难长久激发员工的内在驱动力。真正聪明的领导者，能够善于发现员工的内驱力，并且将员工的内在驱动力激发出来，使其形成工作动力。只有真正找到员工工作的内驱力，才能使员工发自内心地热爱自己的工作，主动去承担责任。具体可以从以下五个方面进行：

1. 物质驱动

对成功的渴望、对收入的提升是每个员工的基本需求。物质驱动是让员工提升积极性的前提和基础。只谈理想不谈金钱等于纸上谈兵，空中建楼阁，员工不会买账。

物质驱动也可以被看作是外部刺激，做得好，可以让员工因为得到了更多，而愿意付出更多。职场中，常见的物质驱动，就是升职加薪和提升其他福利待遇。如果领导在自己能力范围内，为团队的员工向上争取更多的机会，有福同享，有成就不忘奖励员工，那么就能与员工共同进步。

2. 目标驱动

物质驱动时如果不建立目标，员工就会形成"坐吃等工资"旱涝保收的懒惰思想。如果你能帮助一个人树立他的奋斗目标，然后尽可能帮助他达到这个目标，那么你就不必再去督促他为你努力工作了，他会变成一个主动工作的人。

3. 价值驱动

一个企业如果领导者与员工的价值观不同，那么领导者认为对的东西，员工就会认为与自己无关。只有整个团队具备相同且契合的价值观，才能往同一个目标努力。每个企业都有自己独特的价值观，而作为独立个体的每一位员工，也有自身的价值观。如果领导者能够善于发现员工的价值观，并通过引导使其与团队相辅相成，那么员工必能管理好自己，积极向上，努力拼搏。

4.界定工作权责

领导者不要大包大揽，如果领导者什么都管，员工就不会思考，反而觉得做得好不好或是否做出来都没关系，反正有领导兜底。所以，在员工遇到问题时领导可以提供一些思路作为参考，或者让员工充分尝试后再去插手，那样才能让员工得到经验和教训。另外，要分清工作职责，让员工知道哪些是他该承担的责任，并给予有效的激励，允许员工在自己的工作权限内调动资源。

5.管理要用好时间杠杆

再优秀的领导者管理半径都不要超过十个人，要把自己的时间和精力用在最重要的人和事上。用80%的时间用在解决组织共性化的问题，用20%的时间来对有价值的员工进行点对点的辅导。

层级太多，员工缺乏责任意识

企业层级太多会引起很多问题，比如决策流程会变慢，甚至会出现"官大一级压死人"的现象。

大部分企业的组织形式是科层制，科层制组织多为5层及以上，包括公司领导、公司分管领导、部门领导（正、副）、科级领导（正、副）、岗位人员。日常工作中经常会出现各层领导意见不统一、基层人员无法发挥个人主动性等问题，这就是科层制组织形式在目前互联网经济时代下不适应的原因。

"90后""00后"人群逐渐成为就业主体人员，他们更有个性、渴望自由自主、勇于表现自我、敢于释放活力，而一个企业如果层级太多，层层管理，一级一级命令，就会打消基层岗位人员的积极性。就像任正非说的那样："未来的战争是'班长战争'，基层的岗位人员是能听到炮火的人，他们能够在发现战略机会的时候，迅速请求后方强大火力支持。"如果科层太多，往往高层收到的信息不是一手信息，反而不容易对当下的情况做出正确的判断，在做决策的时候容易出现偏差。

另外，如果组织的层级太多，就会出现"官僚主义"。官僚主义并不是官场独有，而是企业发展到一定阶段必然会出现的现象。这个像癌症一样的企业病，堪称"企业杀手"。如果身居高位的CEO脱离一线员工太久，离市场太远，沉浸在高管们营造的和谐奋进的氛围中，就会在原有的工作惯性里无法自拔。如果企业运转良好，还不会出现太大问题，一旦外部环境的复杂性和不确定性增加，官僚结构的弱点就凸显出来了。"官僚层"的具体表现为：

（1）他们身居中高层，常见于部门高级经理和总监。

（2）他们大都在公司工作时间较长，以老员工自居。

（3）他们大都对上级交代的事情尽心竭力，是上司心中的得力下属。

（4）他们对公司制度耳熟能详，对企业流程熟稔于心。

但是，这些"官僚层"领导者很少具备合作精神，合作协调度和效率也不高。下层员工向他们寻求合作的时候，他们表面答应得挺积极，却迟迟不行动，会以流程为借口回避问题，虽然表面不说不合作，但实际起不到任何实质性的作用。得不到上层领导者支持的下层员工，要么选择明哲保身当"老好人"变得不重执行，习惯踢皮球；要么有能力的员工会选择离开。这样会使执行的流程变得很长，每个员工都要花费相当多精力去配合其他部门，导致效能和价值互相抵消，沦为"低效率"的代名词。员工的能动性和创造力都被磨平、被消耗殆尽。长此以往，这样的企业的绩效可想而知。

因此，从组织设计上，应该取消科层制组织形式，让组织更加扁平化，由"金字塔型"变为横向协同，将才从班长中产生，作战方式形成三维、立体模式，这样才利于企业的进一步发展壮大。

有些企业，尤其是酒店类的，就处于层级非常多的状态，比如有总经理、副总经理、总监、部门经理、副经理、部长、副部长、主任、副主任、领班、副领班，这还只是管理层级，到下面还有服务员分的若干个等级。薪酬结构的设置又依赖行政结构的扩展，如果一个员工要加工资，就要升到副领班，副领班要加工资就要升级到领班，以此类推。这些等级的设定，说明他的行政组织和薪酬组织之间存在着一种依存的关系，这样的依存不是以管理需要，而是以薪酬的结构性需要来配置的。

一个组织层级越多，执行力就会越弱，有的企业设置了很多部门，仍不断地扩展，比如老板需要做这个事情，需要做那个事情，然后就增设部门，然而部门之间存在职能的重叠，这样组织的效率就会下降。

有些企业虽然层级众多，但会做责任的区分，举个简单的例子：当有一个客户投诉时，A 部门承担多少，B 部门承担多少，C 部门承担多少，把百分之百的责任分割到四五个部门，这样的分割就叫责任的担当，但是责任的承担和负责任的态度会不一致，因为没有人愿意承担责任，所以出了问题需要责任担当的时候，大家都会推卸。

因此，需要把这么多职能重叠的部分砍掉，这个事情就是这个部门负责，那个事情就是那个部门负责，责任非常清晰准确地分解到每一个部门，大家对每一件事情都是负百分之百的责任。这也是为什么现在人们积极推行从"金字塔"的管理模式转变成"扁平化"的管理模式，如图1-1所示。

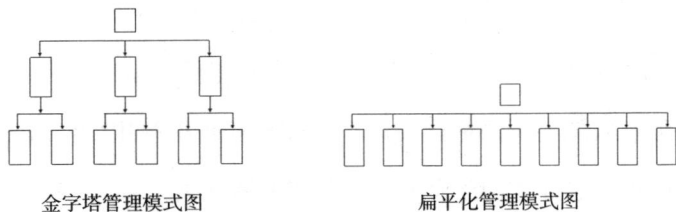

金字塔管理模式图　　　　　　　　扁平化管理模式图

图1-1　　"金字塔"与"扁平化"管理模式对比

金字塔管理模式的缺点在于信息传达是逐层递减的。顶层的意愿，经过中间管理层的解读，传达给底层的员工，中间层越多，最终接收到的意思就离最初的意愿越远。如果结构层次多，还会使各种审批流程冗杂耗时，加剧跨部门合作等混乱行为。扁平化管理模式的优点是决策速度快、效率高，可以快速应对外部环境的变化。

所以，如果组织层级太多的话，就需要简化层级，减少企业决策层和操作层之间的管理层级，提高企业内部沟通和办事的效率，使企业与市场间的反馈渠道更加畅通，提高企业对市场信息的应变能力。

责、权、利不清晰，组织出现内耗

有企业管理中，为什么会有贪占受贿的现象？为什么会有消极怠工的问题？为什么会有内耗冲突的场景？究其原因，是企业管理中没有搞清楚

"责权利三角"关系，从而导致的混乱。因为一个人只有权力，没有责任和利益，就会贪占受贿；一个人只有责任，没有权力和利益，就会消极怠工；一个人只有利益，没有权力和责任，就会引发内耗冲突。所以，一个企业中，每一个享有权力的人必须负有相应的责任，并匹配相应的利益。

从管理上讲，责、权、利三者是统一的。一个特定的工作岗位，首先要有工作任务，任务就是责任；完成任务需要整合各种资源和人力，这就是权力；完成任务后，荣誉与收益就是利益。一旦责、权、利不清，那么就不可能使组织运转顺畅，又怎么能够盈利呢？

在传统的组织结构里，决策层掌握战略，管理层负责策略，员工负责执行。上层行使权力，中层承担责任，底层定期领工资，组织里每个人的责、权、利都是不明晰的，这就让大家总是产生纵向和横向的利益对比，或责任推诿、或权力争夺，从而出现各种矛盾，企业内部危机四伏。责不清、权不明、利不公时，员工的工作就失去了效率和动力，还会加剧人员的内耗。

如果责、权、利不清晰，往往会带来非常严重的后果。责大于权，或者有责无权，意味着责任者无法履行其责任，而且预示着会有充当替罪羊或牺牲品的结局。责小于权，使责任者易于滥用权力，累及他人。无论是责大于权还是责小于权，势必会造成利益不公平的后果。责任的结果就是"利"，可以是奖励，也可以是处罚，奖励是"正利益"，处罚是"负利益"。

因此，每个领导者都应该思考：如何在本公司、本部门、本团队建立责任机制保证目标的落实？如何完善权力机制，实现有效管理和监督？如何根据责任调节利益分配机制？这才是长远的规划和打算。

无论大公司还是小企业，总会有责、权、利不清的状况发生，我们举两个例子来看：

案例一：

某公司行政部新来了一个员工小李，有一次，公司副总经理在周末加班，忘带自己办公室的钥匙了，于是打电话给小李让他送钥匙。小李当时住得距离公司比较远，接到电话就说："王总，我马上打车过来。"由于路上堵车，小李比副总要求的时间晚到一小时，结果被副总劈头盖脸臭骂一顿。小李觉得明明是自己牺牲了周末的休息时间，还自掏腰包出了打车费，结果却因为迟到被副总经理责骂，不但委屈还气愤，认为明明是副总经理的责任却转嫁到了自己身上。由此对整个公司产生了不好的感觉。

案例二：

某公司产品出了问题，性能不达标，成品率低，稳定性也不好，于是召集产品部门和技术部门进行商议。经过一段时间的研发，技术人员拿出了一套解决方案，但公司总经理对此方案不太满意并且自己琢磨出了一套解决办法，要求技术和生产部门按照他的方法进行改进。技术部门和生产部门认为总经理提的办法不可行，但是总经理仗着权力在手，坚持要按照自己的方案进行，技术和生产部门只能遵照执行。最后，不但没有解决问题，还使产品问题更加严重，因此耽误了生产订单，不得已只有按照之前技术部门和生产部门的方案重做。虽然最后成功了，但因为耽误了之前的订单，技术部门和生产部门的奖金泡汤了。这就是典型的"领导乱指挥，下属担责任"的案例。

我们的组织当中，究竟谁为你的工作负责？中基层部门的人，往往不敢肯定地说"这件事我定了"。他一定要上级领导授权，需要层层上报，得到各个层级领导的许可才行。最后导致一件事情拖着拖着就不了了之了。

很多事情在责、权、利不清晰的企业里拖着拖着，如泥牛入海，不了了之，从而让外部的合作人员觉得"这个公司真难打交道"。这些情况的出现往往都不是人的问题，而是组织的问题，就是因为这个组织中有太多的干扰，有太多不该为这个事负责的人在不断地插手，不断地负责。所以，没有人敢轻松地做出一个爽快的决定。最后就变成了官僚主义盛行的结果。

怎样才是责、权、利一致呢？

组织中领导要带领团队成员一起确定开发任务，只要拿到任务，不管是自己领取的，还是由领导分配的，不管最后的结果是好是坏，执行这个任务的人员直接对这个结果负责，这就是责任。而权力就是指在执行任务目标的过程中，实现的具体细节可以自己做决定。权责有一定的作用域，作用域内责任人可以全权处理，作用域外团队需要沟通与交互。可负责、有权力，在做出成果以后还要有相应的回报，这才是责、权、利一致的表现，这样才能让员工敢干、愿干。

组织成员的精力用于"夺权"而不是"创造"

在不少组织里，职位越高权力越大，组织结构金字塔底部的中、基层权力非常小，甚至大部分没有任何权力，更多的是完成工作的责任。

传统企业在人员分配方面一般只有两拨人：有权力的人和无权力的人。于是，"权力"就成了被争抢的稀缺资源，有争抢就会出现负面现象，比如不顾团队的个人野心、办公室政治、恐惧与贪婪……而无权力的大多数要么顺从，要么愤恨。为了与有权力的上层抗争，底层无权力者开始结盟，从而产生了组织中强大的非权力组织，或对高层领导的冷抵抗，对工作的冷漠等。

公司的中高层管理者，不是不担心目标定得不合理，而是手中根本没有权力。比如，副总经理多年分管技术、工程施工，却没有商务经费支出权力，人事权限集中在董事长个人手中，一个基层作业的主管或组长调整都需要董事长批准；奖金分配也全部是高层管理者说了算。

如此一来，员工的所有精力都用在如何"夺权"，而不在"经营目标"。利益决定立场，如果利益分配不清，又如何激发员工的战斗力呢？即使有一定的精力也会用偏。

另外，企业经营管理实践表明，生产能力越低的人，权力斗争的积极性越高。这里起作用的是比较优势原则：有本事的谋事，没本事的谋权。进一步说，权力斗争的严重程度与组织成员的整体素质有关：成员能力越低的组织，内部权力斗争越严重。当领导队伍由能力较高的人组成时，领导者们更热心于生产性活动；当领导队伍由能力较低的人组成时，领导者们更乐于争权夺利。结果是，一个企业一旦陷入权力斗争的泥潭，就难以自拔。

有一家企业，在创业之初大部分成员是老板自己家的人，公司发展势头很好，为了让企业发展更上一个台阶，老板开始引入大量职业经理人，但这些"外来的和尚"不太会念经，也提不出多少有创造性、建设性的点子，老板很苦恼。其实不是新招的经理人创造性不强，而是这家企业的老员工都是老板的亲戚，只有他们"敢于大胆地说"，大多数经理人都沉默寡言。整个企业充斥着"小道消息"和"闲言碎语"。今天哪名员工无意中说的一句话，明天老板就会知道，那些有背景的员工可以直接进入老板办公室。老板的几个亲戚都身处要位，有时还会"越位"，经常对不属于他们分管领域的人和事发表意见，有的甚至对同级别的其他领导发表看法。老板亲戚分管的部门外人很难插手，更不能提什么意见，他们只听老板的。亲戚之间也存在较大矛盾，经常在会议上互相攻击。创业元老和亲戚们之间也存在矛盾，有时也会"干仗"。老板亲戚手下的人有时也"有一点嚣张"，因为背靠大树好乘凉。即使是其他领导推进的一些政策，这些亲戚有时也会变成"意见领袖"。老板有个习惯，经常会在亲戚们面前评价"经理人"。

就是这样的组织氛围，使元老和亲戚成为掌握"实权"的一拨人，外聘的经理人属于另一拨人，导致想创新的人无法施展手脚，最令经理人感到头疼的是：与老板的亲戚们协调工作的难度很大，耗费很多精力，也不一定能协调得好。经理人一开始加入公司的时候信心满满，但经过几次"挫折"以后，感觉有志难为，多一事不如少一事，逐渐"本位主义"。几个月过后，老板觉得这些新招的经理人也没有给企业带来什么变化，开始对他们不满，并经常在一些场合（大多数亲戚在场）流露出对某个经理人的不满。这个被老板流露出不满的经理人越发觉得"难以开展工作"，于是只能选择"走人"。

一个企业如果权力不清，一定会有很多马屁精。因为权力集中在少数人的手里，剩下的大多人数为了得到"好处"，就会违心地去拍马屁，说违心话。

传统的企业组织是雇佣制，老板花钱雇人，被雇的人用自己的劳动价值换取报酬。在这种情况下，老板习惯于把自己当成老板，习惯于把员工当成"打工仔"，这样员工就会觉得"我只不过是在为老板打工"，于是很容易使员工对公司失去归属感，对本职工作没有成就感，更别说为公司卖力了。为了按时领工资，谁敢去说得罪老板的话呢？更没有人会推心置腹地和老板交换意见，反而为了让老板对自己"有好感"，说奉承话的大有人在。这样的团队是虚伪的，也是没有人敢讲真话的。

只要是老板说的都是正确的，凡是老板支持的，不折不扣地支持，没有人去反对老板说的话。这种表面一片繁荣的景象背后却藏着隐患，老板被"拍"得晕头转向，不能清醒地看到问题。如果企业中溜须拍马的人数量太多，并开始主导企业文化时，企业就会不可避免地走向衰败。

部门墙厚重，各人自扫门前雪

"部门墙"指的是，传统职能化组织管理造成部门意识根深蒂固，各部门为了本部门的利益各自为政，各人自扫门前雪，只对自己部门负责，只对部门管理者负责："别的部门要想找我配合他们的工作，去找我的主管说，不要找我！"大家只关注部门的利益，而不是公司整体的利益。

案例一：

有一家电子企业想成立一个产品规划部门。在公司高层管理者讨论会上，研发部主管直截了当地表达了反对意见："过去我们根据市场的需求开发了那么多成功的产品，那时候没有规划部，我们公司不是发展得挺好吗？现在想成立产品规划部，是想让它来'闭门造车'吧！如果真的成立规划部，那到时候他们给我们什么策划方案，我们就开发什么样的产品，产品成功与否不关我们的事。"

案例二：

有一家服装制造公司，其生产部一直存在交货不及时的问题，于是公司决定按照交货及时率对生产部和发货部进行考核。根据部门的职责分工，对生产部主要考核的是产品入成品库的数量，对发货部主要考核的是领到成品后到交给运输单位的周期。这项考核制度出台后的一段时间内，生产部和发货部各自的指标完成得都不错，但由于成品存储、信息沟通、运输单位的耽搁等方面的原因，产品不能及时交货的问题依然没有解决，还引发了生产部与发货部的矛盾。

案例三：

某鲜果销售公司，近来关于水果挤压的投诉居高不下。于是总经理召开全体会议，准备了解情况并解决问题，但会议上得到的反馈是：物流部说运输过程没有问题，装卸过程不会导致压力增加；包装部说包装都是销售订单随机处理的，打包材料也是公司标配；采购部说包装盒的成本都是财务严格核算的，想提高抗压力，就得加厚，增加预算……半场会议下来，谁都没有直接责任。物流部只负责运输；包装部只负责打包；采购部只负责控制商品成本；财务部只负责把控成本。

从这些例子可以看出，如果不打破企业中厚厚的部门墙，会存在以下普遍性的问题：

（1）一旦产品出了问题，部门之间就相互推诿，最后老板往往发现：无人负责。这样很容易导致原本可以友好相处的部门反目成仇，甚至彼此暗自较劲，故意对着干，这对企业来说是毁灭性的伤害。

（2）部门之间协调起来特别困难，如果不是自己牵头或者自己部门牵头负责的项目，很难调动其他部门员工的积极性。

（3）部门墙说到底是因为只在乎自己部门利益，部门之间缺乏信任、理解、合作，导致工作效率低下、推卸责任。部门墙对于企业发展来说是一个很大的障碍，只有拆掉部门墙，企业才能高效地运转。

如何拆掉部门墙呢？

1. 从制度和机制上建立标准流程

企业要鼓励跨部门合作，通过一定的激励机制，鼓励不同部门打配合战，比如，参与一个共同项目，部门与部门之间的目标应该是一致的，只有在制度上不断探索，将公司利益最大化，才能将工作效率最大化。

2. 用企业文化建立组织成员的价值观

企业文化是打破部门墙的重要方法。成功的公司都有明确的价值观，他们的员工都能自觉地以这些价值观作为自己行动的指南，在不经意间践行着公司的价值准则，企业文化成为其领导者和员工衡量自己行为和工作的标准。当员工发自内心热爱，并认同企业所提倡的价值观时，他就不会考虑眼前短暂的私利，而是如何更好地发挥创造性和主观能动性。因此，我们可以从企业文化的角度，积极地倡导跨部门的经验或心得分享，从文化氛围中将部门壁垒逐渐融化。

3. 提升管理格局

领导者可以通过一些非正式的沟通、交流，增加部门之间的交流活动，这有利于加深彼此的了解以增进感情；也可以建立兴趣或活动小组，通过横向、纵向的非正式组织，构建部门之间的关系；另外，还可以按照项目管理的方式协同合作打破部门墙。

4. 开创共同目标和实现共同的利益

共同的目标加上共同的利益，才能有亲密无间的合作。企业内部存在诸多矛盾，其中最大的矛盾来自企业目标和个人利益之间，而解决问题的核心是在企业的长远利益和员工的短期利益间找到平衡点。因此，企业积极实施激励政策，保证员工的职业发展空间，完善绩效激励制度，保证考核的公平性，能在很大程度上激发员工的积极性。

员工没有责任意识，遇到问题互相扯皮

不少企业老板诉苦："公司开得久了，总会遇到员工之间扯皮的现象。

比如没有收到货款，销售部告诉你那是仓库没发货，仓库负责人告诉你是生产工作没到位，生产部告诉你是采购部没购进原材料，而采购部则说是财务部没给钱，然后财务部说之前销售部卖出的货品还没收回尾款，没钱进货。仿佛人人都有责任，又好像没有一个人真的有责任。但最后，最吃亏的还是你自己，你是老板，得发工资，而等你发工资的人才不在乎你有没有赚到钱。"

这样的问题应该是不少领导者遇到并感觉头疼的。

推诿扯皮严重影响管理效率。企业组织管理得好坏，最为关键的指标就是企业组织的整体协调配合能力。整体协调能力的高低，与组织成员的水平和素质有关。在那些组织成员素质不高的企业里，时常出现的情况是，一旦出现了问题，每个人都推卸责任，从别人身上找原因，努力证明别人做得怎么不好，仿佛这些问题和错误与自己没有任何关系。

员工不愿意担责任，首先是因为公司的制度和流程没有严格的流程规定和岗位职责，其次是因为组织成员缺乏主人翁意识。

一个企业或组织，管理能否贯彻到位，取决于"知不知、能不能、愿不愿"九个字所构成的三个机制层次的实际状态，无论是对外部还是内部都是如此。价值观和运营系统决定了企业和内部员工"愿不愿"，约占60%；组织、培训等资源性的因素决定企业和内部员工"能不能"，占比30%；管控与考核决定企业和内部员工"知不知"，是保障性因素，占比10%。

如果员工对企业和领导者缺乏安全感、归属感和荣誉感，自然而然就不会产生"心甘情愿"的主人翁意识，出现问题就会推卸责任。所以，管理主要是解决员工意愿问题。意愿是行为最原始的动力，意愿在前，行动在后。如果员工没有意愿，再好的管理都会付诸东流，只是领导者一个人的独角戏，员工并没有真正参与。

某知名企业十分重视员工之间的合作，有意培养企业的"雁阵文化"。任何一个销售区域、办事处、培训队或某一产品小组都是一个团队。公司在工作、活动、绩效考核和奖励方面，都很注意以团队为单位，目的是使员工学会在团队内求得个人的最佳发展。"雁阵文化"的实质就是团队的合作精神；雁阵当中的每只雁展翅高飞时都获得了来自同伴的"向上之风"；只有团队内成员齐心协力，互相帮助，才能实现团队的目标。一支优秀的团队能够包容不同的观点，拥有相同的价值观。如果企业中出现员工相互扯皮的现象，如何"心往一处想，劲儿往一处使"呢？

"雁阵文化"揭示了管理工作中部门行为与全局行为之间的关系：这两种行为是彼此相互影响和相互促进的，全局行为的效能提高离不开部门行为的配合；而全局行为效能提高后，也就能够保证部门行为效能的提高。联系我们的企业管理工作，就是要求整个企业的各个部门行为既要服从整个企业行为的要求，各个部门之间又有协作精神，并通过追求部门行为和整个企业行为的和谐一致，达到提高工作效能的目的。

如何才能让员工形成"雁阵文化"而不是互相推卸责任呢？

一般从三个方面入手：

1. 强调目标一致

一个团队就如同雁群，要飞一起飞，要停一起停。要确保团队的目标与员工的目标平衡一致，打造团队整体吸引力去吸引员工，使员工认识到不落单才有希望。团队目标一致的时候，有了问题才会共同面对，而不是互相指责和推诿。大家会以整个团队的成就而自豪，也会因整个团队的失败而积极寻找方法。

2. 团队协作

有协作就要有分工，谁负责打头阵，谁负责善后，谁负责流程等，要让每个员工都找到自己的位置。明确谁来打仗，谁来指挥，不能都是将军，也不能都是士兵。

3. 强化竞争效应

一个团队要形成比拼和良性竞争，相互间的竞争与激励是团队建设的精髓。

领导者不在组织就无法运转

好的管理，领导在与不在都一样。有不少企业，当领导在场或者到办公室巡视时，员工干活特别卖力，尽管员工此时手头没太多的事情做，也要目不转睛盯着电脑，假装很忙的样子。当领导离开之后，懒散状态迅速重现，原来聊天的继续聊天，玩游戏的继续玩游戏。而好的管理会让员工产生很强的自律性，不管领导在不在场，是否监督自己的工作，始终坚持认真负责的态度，将自己手头的事情一件一件地办好，待领导再次到访时，工作任务已经提前完成了。这两种状态的员工，前者属于功利型和依赖型，后者属于责任型和主动型。这两种不同的状态代表了不同的管理水平，前者属于领导不在员工不会自我驱动，后者则是领导在或不在都一样能完成工作。

如果离开了领导者，企业或团队就不能正常运转，这是非常危险的现象，是领导者没有尽到责任的表现。作为一个企业的领导者，企业就如同自己的子女，让它长大成人才是领导者的本事和责任。如果离开领导者它就哇哇大哭，一事无成，尽管它长得又高、又大、又壮，但还是一个"巨婴"。

比如，一个10个人的销售部门，销售经理就有8个人，这是一个坏现象。

因为整个组织的重力就在这两个人身上，如果这两个人跳槽、倒戈，很容易造成一家企业倾覆。管理者不能成为所有压力的集中点，因为一旦他崩塌了，整个企业就垮了。不能把企业培养为成年人的领导者是不称职的。很多大企业被叫作"傻瓜企业"，尽管长得又高又壮，但自己不会决策，只要某位领导者离开了，重大的决策就全部停板，企业没有自己行为的能力，一旦领导者出了问题，企业立刻就垮了。

如果一家企业离开了领导者仍然能够持续运行，具备持续运行的能力，这个领导者才算尽到了自己的责任。可见，培养一个团队，让企业长大成人，才是企业领导者的重要任务。

顺丰快递的老板王卫十分低调。顺丰快递全国知名，但大多数人都不知道顺丰快递的老板多大年纪，叫什么名字，长什么模样。因为他从不接受采访，也不打广告，不融资，不贷款，却把企业做到特别大。最主要的是，他已经将企业运行的流程和制度都设计好了，设备、制度全部完善，员工就会进入一个有序的状态，按部就班地工作就行了，不用老板处处管控。所以企业发展得会越来越好，完全是良性循环。

现代企业管理和传统的官僚企业有很大的区别，再用之前的老一套作风去颐指气使地管理员工，就会使很多员工另觅他处。现代的企业，大家在一起做事，除了所谓的上下级关系，还是同事关系，在工作中互相扶持、互相帮助。有一些亲力亲为的领导者，他们生怕哪个环节出现问题而事事参与，妄图通过一己之力去完成整个团队的任务，导致他们自己忙得像陀螺一样一刻不停，而员工反倒很清闲。就像诸葛亮，他是一个非常有才华和传奇的人，但他却事事亲力亲为，最终把自己累死了。虽有英名，却"鞠躬尽瘁死而后已"。诸葛亮死后，蜀国走到"蜀中无大将，廖化作先锋"的地步了。最主要的原因就是诸葛亮一生太过谨慎，他肩负托孤重任，所以事事亲自参与，导致没有培养出治国之才，本想蜀国能够平平安安，但最终事与愿违。

管理也是如此，要想实现"领导在与不在一个样"，就要把员工都培养成和自己一样的领导者，当人人都拥有领导力的时候，人人都能独当一面。

第2章

全员领导力组织形态的内涵

全员领导力组织与传统组织的区别

传统的组织管理模式和理论告诉我们，领导的职责就是管理员工，组织中的人分成两类：领导者和被领导者。这种领导模式已经伴随我们很长时间，它在人类以体力劳动为主的工业时代就已经发展起来，并曾经获得巨大成功，这也是众多组织对它难以割舍的主要原因。现代社会早已从工业时代过渡到互联网时代，领导理论的内容也应更新了。这个时代需要一种全新且更有效的领导模式——"全员领导力"的模式，领导力意味着放权，而不是控制，意味着培养领袖，而不是制造更多的被控制者。

那么，全员领导力组织和传统组织有哪些区别呢？

1. 团队成员做事的热情不同

传统组织成员依赖个人魅力型领导，往往都养成了依指令行事的习惯。在领导事必躬亲的管理之下，他们逐渐失去了主动参与建设的热情和信心，奉行的是"上司叫我干什么，我就干什么"的理念。简言之，领导的"控制"冲动间接熄灭了其团队成员的热情之火，即使表面看来这位领导相当开明和具有亲和力。全员领导力组织中，人人都被授予权力，每个成员都不被操纵和控制，当领受了一项具体任务，在执行过程中没有受到上级过多干涉时，往往能够超水平地发挥。但是，当不得不按命令行事时，往往无法表现出最佳状态，甚至有时会感到恼怒。毕竟，谁都不会喜欢被操纵的感觉。

2. 负责任的态度不同

传统组织权力掌握在领导者手中，结果好或不好，责任多数在领导者身上；全员领导力组织中，员工被充分授权，更容易产生责任感，做事的时候无论结果好坏都会积极承担责任。

3. 员工的积极性不同

传统组织模式是一种"自上而下"的管理模式，最典型的表现就是一个领导者后面跟着一大帮追随者，领导者做决策，员工只管去执行就好，整个组织呈现出一种自上而下的决策氛围。这种决策氛围会导致员工被动执行指令，没有太高的积极性。领导者在任时，没有真正培养出员工独立思考的能力。要知道，带着团队打了一次胜仗，和让这个团队里人人都能打胜仗完全是两码事。如果目的是提升组织的短期表现，这种模式是有效的，长期表现就完全不行了。全员领导力模式主张调动员工的积极性，建立的是一种"自下而上"的管理模式，通过打造全员领导力，使领导者和员工共同勾勒蓝图，完成未来目标。建立起这种管理模式，管理不仅很轻松，组织运行也将更高效，即使有一天领导离开这个团队，这些员工也能独当一面，因为他培养了无数领导者。

4. 一个控制一个鼓励

传统组织模式中领导拥有权力，希望员工按照自己说的来做，会产生强烈的控制欲。时间一长，偏弱势的群体或者处于下层的员工，就会出现"诱导式麻木"。什么意思呢？员工不用动脑筋了，也不用做决定了，甚至也没有什么负责的必要性了。领导者说什么，员工照做就行。所以就会像前面讲的，管理成了领导一个人的事情，出现"领导忙，员工闲"的状态，这是因为员工没有被培养成能积极思考和自行负责的"领导者"，只是被动的指令执行者。简单来看两种组织形态的不同，如表2-1所示。

表2-1　传统组织模式与全员领导力模式的区别

区别	传统组织模式	全员领导力模式
管理方式	自上而下的管理方式	自下而上的管理方式
做事方法	领导者亲力亲为	员工主动解决问题并积极负责
员工心态	你吩咐我照办	我思考我行动

简单来说，传统组织模式领导者既管控结果又管控过程；员工执行领导者的指令，汇报过程和结果。在领导者经验丰富、员工肯干、企业规模小的时候，这种模式是起积极作用的。这种模式的危害是，员工习惯听命于领导，不主动思考，长久下来员工的主要目的是"不出错"，而不是做到卓越。全员领导力模式老板、上级是领导者，被授权的员工也是领导者，员工并不认为上司什么都比自己强。员工有独立见解、主动性和统筹规划能力。领导者考核结果，提要求，至于过程中怎么做，是授权员工做的，员工作为被授权的领导者，为结果负责任。

从传统组织模式向全员领导力模式转变是一种趋势，领导者要做到这点是对领导力非常大的挑战。

对领导力的正确认知

从定义上说，领导力的实质是指引和影响个人、群体或组织，在一定条件下实现某种目标的行动过程。领导力的特点是双向性和系统性。双向性就是领导与员工的行为是相互的，领导影响员工，也会受到员工的影响。而系统性是领导力包括组织功能、激励功能和调动员工主动性、积极性和创造性的功能，这三者缺一不可，相互结合。

在企业中常见的领导模式是少数人做领导者，多数人是被领导或追随者。大多数领导者都是从员工开始做起的，之所以成为领导者，是因为他们曾经是聪明的追随者。在被领导的岗位上高效率工作的人，通常会以最快的速度得到升迁。一个聪明的追随者能够从领导者身上学到知识。

领导方式有两种。一种是与员工保持协调一致的方式，这是最有效的方式；另一种是强迫的方式，人们可以暂时接受强迫的领导方式，但是不会永远心甘情愿地接受。强迫式领导是不能长久的，只有被追随者认可，并可以将追随者培养成领导的领导方式才能够经久不衰。

就像史蒂芬·科维所说的：领导力是一种释放人类才智和潜能的艺术。你也许可以通过金钱、职位、权力或胁迫等外在的东西来获取某人的支持，但是，如果让一个人发自内心地愿意为组织贡献才智、激情、忠诚和拼搏精神，外在的权力并不能起根本作用。只有高超的领导力才能真正激发和释放人的才智和情感力量。

谷歌公司的创始人拉里·佩奇说："在未来组织中，最重要的功能不再是管理或激励，而是赋能授权。"赋能和授权的背后就是培养全员领导力，而不仅是领导发号施令，员工执行。

如果一个公司人人都没有自主权，做任何事情都必须层层汇报，那么无论公司大小，肯定每个人都有上司。如果员工中有一个人没有上司，则整个系统就会遭到某种程度的破坏。大多数组织的一个基本原则是，权力的界限必须明确和可理解，我们必须服从权威，这种权威关系不容置疑，一个人如果不服从权威，就会被贴上"不忠"的标签。这样的组织一定是僵化且没有竞争力的。

杰克·韦尔奇被众多媒体誉为 20 世纪最伟大的 CEO，是全球第一职业经理人，自 1981 年担任通用电气公司董事长与首席执行官以来，短短 20 年时间内将通用电气改造成一个健康、高效、活力四射、充满竞争力的企业，那么在他眼里什么才是最好的管理方式呢？是紧紧控制还是无为而治？是尽最大可能地紧握大权还是放手让员工去干？到底怎样才算是合格的领导者？他给出的答案是，管得越少成效越好。

既然给员工权利，就要给予更多的信任，不懂得合理授权是管理者的大忌，很多自己累死累活却又找不到解决办法的管理者，都属于骄傲自大、不懂充分授权和信任员工的管理者。也有不少领导者虽然授权了，但并未取得理想的效果，甚至降低了员工的工作积极性。到底是什么原因造就了这种现象呢？原因就在于授权时没有解决好信任问题，日本"经营之神"松下幸之助曾经说过："成功的统御管理是让人乐于拼命而无怨无悔，实现这一切靠的就是信任，所以企业管理者既然已经授权给员工，就应该给予他们充分的信任。"

授权是海底捞企业文化的一大亮点，海底捞常常因为"服务员看顾客喜欢吃西瓜便赠送西瓜""服务员听顾客说想吃酱菜就特意买酱菜"等趣闻为人称道，这足以体现出海底捞对员工的放权行为，这种行为从某种程度上给了员工一种作为主人翁的自豪感。海底捞的服务员，有权给任何一桌客人免单。记住，是服务员不是经理，是免单而不是免一两个菜品。所以，业界才有了"海底捞你学不会"这样的感叹。

所以，领导力也是分层次的。

-1 级：完全没有人情味的支配与强迫。

1 级：交易型角色和基于规则的管理、服务以及各种形式的帮助关系。多见于传统的组织模式，领导是权力者，下属是无权力者。

2 级：个人化、合作性、信任的关系，就像朋友和高效团队中的同事关系。

3 级：情感亲密的、相互承诺的关系。

未来的领导力是基于 2 级关系的领导力，超越了"个人竞争"和英雄决定成败的旧模式，建立在团队成员或团队之间，更个人化关系的基础上，与信任、开放的文化紧密联系的一种模式。

团队是"金字塔"还是"球队"

对于任何一个公司来说，不同的组织和团队结构都不是随意产生的，而是为了顺应企业的发展而产生的，形成一种最有利的组织和团队形态才能聚之能战，战之能胜。

大部分组织和团队采用的是典型的自上而下的科层制金字塔模式，各个部门职责分工明确。随着发展和管理意识的提升，也有不少组织虽然也是自上而下的金字塔结构，但在组织内部的项目协作又非常充分，可以任意组织和调配资源，很多互联网公司都是这样的形态。当然，也有完全去中心化的网状结构模式，就像一个主帅带领的球队。

球队组织的特点：

1.强调球员在球场上根据实际情况随时应变调整

整场比赛的策略在赛前制定好后，要求球员根据现场的形式变化快速做出反应。

2.强调个体的价值和差异

正是每个人不同，能力互补，各司前锋、中场、后卫，才能组织成一支完整球队。在这样的团队中，很容易诞生明星球员，明星球员是观众瞩目的焦点，更是整个球队的灵魂人物。对于一个明星球员，在为某支球队效力的过程中展现和提升自己的实力，这样的实力并不全来自教练，将来到别的球队效力，依然是个人的实力和身价资本。

3.强调弹性和对外部环境的快速响应

球员在瞬息万变的情况下，抓住一个机会就能够改变整个局势，甚至能带给教练和整个团队惊喜。

对于需要规模化、标准化的组织，就需要金字塔这样的科层式结构，对于行业变化比较快的领域，可能球队型的团队结构更加合适。因为行业和用户需求变化很快，对于外界的快速响应，已经超越效率成了新的核心竞争力。如果是金字塔模式，层层传导，一定会导致响应不及时。

所以，团队应该像一支球队，大家聚在一起是为了进步，为了赢得最终的胜利。只有这样才能将团队打造成一支无坚不摧的铁军。

球队建队的时候并不是要求每个人都是明星球员，"四巨头""五巨头"的团队反而不容易成功。好的球队需要一个灵魂指挥官，一个领袖的担当，主力永远就那么一两个，每个角色人员都有自己的特色，并且在关键时刻能发挥自己的优势，既有善于防守的，也有善于进攻的。

球队的每场球赛，每个球员都能获得及时的数据反馈，记录着每个球员的效率如何，成绩如何。每个球员都能及时知道这场球打得好不好，有没有什么需要改进的地方，下次需要注意什么，确保大家每场球都是围绕同一个赢球的目标去奋斗和前进。球员乔丹说："我的目标是成为史上最伟大的球员。"老板说："很好，我捧你，我让你成为世上最伟大的球员。你至少给我得两个总冠军，你给我得了总冠军，我让你成为史上最伟大球员。"

所以，当组织中每一个人都把自己的目标和公司的目标统一起来的时候，每个人的工作会非常愉快。没有人紧盯公司的工资，每个人一定是通过自己的能力而获得提升，工作变得越来越有价值，把这个关系想明白，领导者才会知道更应该重视的是什么。

所以，领导者在管理员工的时候要摆正心态。不要觉得是员工在向公司索取，也不要觉得是自己在向员工索取，要想的是公司和组织是在为员工负责，要有"我要保证你两年以后离开我的时候，你变得更有能力，你变得更有价值"，这才是领导者该有的心态。所以领导者对员工的要求不仅是听话，更是使其得到成长。

如果我们把公司看作一支球队的话，要想让自己升值，就要让球队多赢球，这时候你会发现，拥有好的员工会使你扬眉吐气。你想开除员工也理直气壮，因为他影响了球队赢球，球队赢不了球是大家的损失。

实现全员参与经营管理

与传统的行政组织架构不同，全员领导力模式拥有更小的规模，更加灵活多变，丝毫不会因朝令夕改而伤筋动骨。组织的扩大会导致沟通成本、协调成本和控制监督成本上升，部门或个人分工的强化使组织无法取得整体效益的最优，难以对市场需求的快速变化做出迅速反应等问题。

全员领导力的模型与结构，正是由于传统组织模式难以适应激烈的市场竞争和快速变化环境的要求而出现的。

传统的组织架构都是自上往下的金字塔式的等级制结构。而全员领导力组织架构却是自下而上的矩阵图，员工打破原有的部门界限，绕过原来的中间管理层次，直接面对顾客，向公司总体目标负责，以群体和协作的优势赢得市场主导地位，从而达到使组织变得灵活、敏捷、富有柔性和创造性的目的。

传统的管理模式，大部分是领导非常忙碌，员工非常悠闲；老板要利润，员工看薪水；传统的管理学是一种刚性、机械的管理，"以制度、流程为中心，以量化的考核为形式"，将人看作无差别的管理对象。这种管理学随着时代的发展，如今已经陷入了困境。而培养全员领导力的经营思维，则是以传统管理制度为基础，又融合了哲学智慧进行的。可以说，全员领导力管理模式，并不是把自己的主观意识强加给被管理者，而是按照事物自身的规则来管理，激发出员工的主动性和创新精神，关心人的心理需求，尊重人的价值，重视人的成长。所以，传统的管理模式和全员领导力的管理模式之间存在很大的差别，如图 2-1 所示。

在全员领导力管理模式下，全体成员的收入与企业的效益直接挂钩。因此，大家一方面要考虑如何尽可能地降低成本，另一方面还需要考虑如何才能增加产出，换句话说就是，全员领导力管理模式不是要求员工完成工作，而是注重创造卓越。

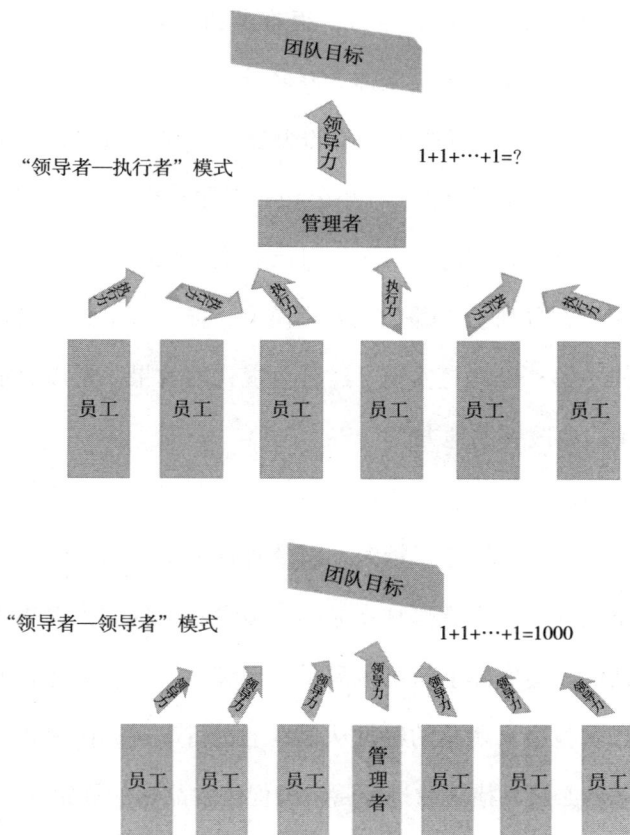

图2-1 "领导者—执行者"相较"领导者—领导者"模式

传统管理模式中，老板是企业领导者，员工是纯粹的"打工人"；员工只关心自己的成本，对企业整体绩效敏感度不够；而全员领导力模式中，员工成了主人翁，成了真正的事业合伙人。员工以"领导者"身份参与企业经营管理，企业的好坏、产量多少将直接影响员工的收益，因而员工对整个企业的发展更为关注，主人翁意识更强，积极性、主动性更高。

企业大了不好管理，难以实现持续盈利和发展，同船大难掉头一个道理，所以必须划分组织结构。比如，一个企业有500个员工，想要管理好这些员工，让每个人都保持战斗力，很难做到。但如果10人一组，再开50家小公司，这就容易很多。全体500名员工10人一组，分成50个"小团体"，每个"小团体"就像公司中的小公司，都是独立利润中心；除公司年度目标外，每月月底50个"小公司"要集中开会检讨上月业绩，制订下月目标，让每个人都清楚地知道自己和别人为组织贡献多少。组织划分以后，哪个地方盈利了，哪个地方亏损了，都一目了然。老板能够对企业有更深入的了解，也就是实现了经营可视化的效果，所以就能够非常容易找到管理中需要改善的地方。

举个形象的例子：

某食品店卖蔬菜、鲜鱼、精肉，以及各种加工食品。在这种店里，往往只进行笼统的核算，究竟哪种食品赚了多少钱，他们大多不太清楚。即便整体是赚钱的，但实际上，可能只是精肉赚钱了，蔬菜还是亏的。如果明白了这一点，就会对蔬菜的经营从根本上进行改进，同时扩大精肉的经营规模等，采取必要的措施改进经营就能促进食品店的健康发展。

从这个思路出发，在企业迅速成长、组织日益扩展的过程中，为了更有效地经营企业，有必要把组织分成多个小组织，在每个小组织中，迅速而明确地把握每个月的销售额和费用的明细，这就是全员领导力模式，是一种独特的管理模式。

既然把组织划小非常关键，那么，如何划分就成了重中之重，是成功的关键，组织划分如果出现了偏差，无论后面多么努力，效果必定不会太好。

划分的核心目的有四个：

（1）看清企业实际状况。

（2）内部传递市场压力，实现内部竞争。

（3）建立全员参与的经营模式。

（4）快速培养经营人才。

组织划分可以按以下几个步骤进行：

1. 明确组织结构

不同的企业有不同的发展模式、管理方法，但企业内部一般都会有最基本的职能划分，如采购、生产、财务、研发、人力资源、营销、仓库等部门。只划分基本的职能单位，减去多余的部门，就可以避免因部门虚设、人员繁多带来的资源浪费。比如，在企业发展初期，企业可以不设置独立的采购、财务、行政、人力资源和仓库等部门，应集中资源和财力，搞好研发、生产和销售的运营，至于行政、人力资源、后勤等都可以归入一个综合管理部。等企业发展到一定规模的时候，为了更好地发挥其职能，再划分不同的职能部门，更灵活地应对市场变化。

2. 明确经营单位价值

根据价值类型，可以把直接和间接创造利润的部门分开，明确经营单位的价值。

什么是直接创造利润的部门？生产和营销部门是可直接创造利润的，比如，生产车间和销售门店。

什么是间接创造利润的部门？企业内部用于协调生产、营销，提供服务和帮助的部门就是间接创造利润的部门，比如，人力资源和行政管理部门等。间接利润部门对企业的正常运营、生产销售、降低成本、提高运营效率，具有很好的辅助作用。

3. 合理评估和判断经营单位

对每个经营单位的评估都要公平、有效，因此，需要对销售的产品进行倒算，从各单位的成本、工作时间、工作量、工作难度、技术投入，以及同类产品的市场评估等方面，逐一进行评估，确定经营单位所贡献的价值。这一步的重点工作是平衡各经营单位的利益分配，避免出现"付出多，价值少"或相反的现象。

划分经营单位，不是简单地细分企业，而是要遵循一定的原则，根据企业需求和市场变化，不断地对经营单位进行重组、合并，从而推动企业的长远发展。

为员工描绘共同的愿景

这是一个人人都在强调愿景的时代，如果没有愿景，人们做任何事都没有动力。企业管理也是如此，能让员工持续保持动力和活力，薪酬是一方面，想要让员工长久拥有奔头儿，企业必须有一个愿景。而且这个愿景不是领导一个人的愿景，是为企业所有人描绘的共同愿景。

领导要问员工下面几个问题：

（1）你为什么在这家公司工作？

（2）你将来如何告诉你的孩子或孙子在这家公司工作多年的原因？

（3）10年以后，你希望这家公司是什么样的？这家公司取得了什么样的成就？越具体越好。

（4）这家公司的特色在哪里？如果这家公司不存在了，对这个世界有什么损失？

之所以要问员工这几个问题，是因为在问这些问题的时候，能激起员工内在的思考和激情，也会让员工觉得这家公司有价值。对于这四个问题，每个人的答案都不一样，说明每个人需要的成就感来源不同。而领导只有知道了大家的真实心理需求和对于成就感的渴望，才能更好地描绘组织的愿景，带大家找到一致的方向，这才是共同的愿景。

我们看看优秀的管理咨询公司——麦肯锡的公司愿景：

• 拥有多家分公司的全国性企业：这样做的目的是为社会做好服务，就近设立公司能免除顾问出差之苦，更好地服务客户。

• 一致认同的鲜明的公司个性，包括：共同的价值观、共同解决问题的方式、以行动为导向，这是麦肯锡的大政方针，不实行王权独断，公司中的所有人都具有领导的权力。

• 敬业的精英人士：企业要构建成能够吸引并且留住优秀人才的企业，公司不但有好的企业文化，还大力投资培训工作，使咨询顾问有较高的收入。

● 永不自满：麦肯锡要避免犯企业自满的毛病，要求大家开放胸襟，勇于面对批评，每一位合伙人都必须努力让公司变得更好。

● 不断更新的领导层：麦肯锡发现很多企业的消亡是因为没有足以担当大任的新的领导层出现，为了避免这种情况，公司就必须变成一个领导加工厂，保证接受咨询的企业能够培养出自己将来所需要的新一代领导者。

麦肯锡正是凭借这样的共同愿景，成为咨询界的龙头企业。

那些被人知晓的世界级企业具有共同的要素：

（1）受到高层管理人员拥护和倡导的清晰愿景和目标。企业的领导者直到员工理解了共同的愿景和目标，他们才会主动提高企业传递这一愿景的能力。

（2）教育和训练员工，引导他们集中精力实现一致认同的愿景和目标。训练和装备全体员工，让他们按照愿景完成预期目标，从而生存下去。

（3）建立奖赏和绩效系统，支撑实现愿景和目标所需的行为和业绩。这些行为传达了对员工的基本理解：赏识和奖励是普遍需要的。每个员工都想因自己的工作成就得到赏识并提升自己。

全员领导力模式的企业，就是要通过向所有人描述一个伟大的愿景，描述一个员工和所在组织都想要的、承诺创建的未来，这个愿景对个人有利、对部门有利、对组织有益。当然，创造这一愿景至关重要的是领导行为。向员工传达和描述的愿景要深刻地表达出企业及领导者真正想要的是什么。这种对理想未来的宣言为打造一个团结一致的团队创造了条件。愿景之所以有效，是因为只有当别人知道我们想要什么时，才能支持我们。愿景有时可能成为产生冲突的根源，但更多的时候，它是一种联结的源泉，正是关于愿景的对话帮助全体成员以一种重要的方式相互联结起来。

所以，在团队的日常管理中，可以随时随地向员工传达团队的目标，这样有利于保持团队的一致性。任何一个员工需要反馈的时机都是打造团队一致性的好时机，因此领导者要抓住每一个员工需要反馈的时机，向员工传达团队一致性的理念。最终，整个团队的愿景就建立起来了。

实现部门间的横向整合

企业管理的纵向指挥相对容易，横向协调却相对困难，企业内讧70%来自横向矛盾，碰到交叉的工作，如果相互之间很难沟通，将导致公司运营效率低下。所以，企业只有提高横向部门间的沟通和协作，才能提升管理效率。

在传统的金字塔模式下，存在高低不同的层级，由高级向下一级发布命令，下面的部门就需要执行，每个部门都会觉得优先自己的利益没有错，所以就会出现一种状态：领导者虽然看出各个部门间沟通协调存在问题，但在规则的"庇荫"下，每个部门表面上都在"积极"地完成分内的工作，领导者想管却苦于没有抓手，一旦贸然出手，得到的很可能不是理解而是反抗——"为什么我要做他们的事情？为什么他们不能更努力？我这么做是为了公司又不是为了自己"。

企业的整体目标达成终究来自各个部门小目标达成的总和，一个部门因为自身利益而影响了其他部门的利益，实际就是影响了企业的整体目标。但仅依靠一个人的努力的确很难解决这个问题，既然牵一发而动全身，那么就需要"全身"都动起来，所有部门一起改变，部门间才能更好地配合。

公司是由一个个活生生的人组成的协作集体，每个人都有自己的自由意志。人的天性是追求自由，不喜欢被约束，协作是人类为了克服个体能力的局限性、获得更大收益的一种自由选择。所以即使公司有各种规章制度，如果没有激发员工产生协作的内在动机，仅靠外部要求，是很难奏效的。

那么，如何实现部门间的横向整合呢？

1. 实现内部的战略协同

一个组织中，与战略利益相关的主体只有两个，一是公司与上级，二是组织中的其他平级部门。部门运作的最终目的是确保公司目标的实现，所以部门必须满足公司和上级的期望。

2. 分解公司指标体系来实现战略协同

一是在公司层面的指标体系设计中，进行全面的流程分析，二是在部门指标体系设计时进行部门需求分析。部门指标体系可以来自公司指标体系的分解，公司指标体系的分解能有效地加强上级和下级之间的沟通。指标分解的过程是公司的分管领导和部门负责人共同完成的，这样就可以使上下级之间有一个充分的沟通空间。

3. 遵循部门指标体系和公司指标体系的内在逻辑

每个部门负责人都要充分地了解部门指标与公司总体指标的关系，

在指标的设置上达成共识，并提高他们在日常工作中保持良好沟通的自觉性。

4. 以公司整体业绩为导向

倡导内部客户价值取向，塑造组织成员以"让别人容易做事为荣，阻碍别人做事为耻"的信念。要求每个部门把其他部门当成客户，为下游客户提供好的结果，主动为自己的下游部门服务，每个部门的周、月计划可以提出横向支持需求，如果提出的横向支持需求是合理的，那么其他配合部门必须承诺执行。

5. 横向整合是达成共识，而不是分出对错

部门之间遇到冲突，尤其是事情比较复杂，也不好分出对错的时候，不要在这个问题上过于纠结，重要的是思考怎么解决这个问题。而解决问题的关键就是形成共识，这是需要双方妥协才可能实现的。

6. 不积累问题

当天发生的事当天解决，分清责任，及时采取措施进行处理，防止问题积累。试想一下，一个人如果做事拖拉，不会及时采取措施进行处理工作中的问题，导致问题积压，疲于应付，哪有好的情绪与横向部门进行沟通协作呢？部门之间良好的沟通协作是整个企业能正常运营、有效运营的关键，企业要重视部门之间的有效沟通协作，提高整个企业的运作效率。

人人都能成为领导者

人类的首要工作已由工业时代的"控制"转换为智能时代的"释放"，传统管理模式已经过时了。企业必须由小公司初创时代的个人驱动向大集团"分兵种作战"的组织驱动转变，也要求员工从"领导盼咐我照办"向"我计划怎样干"转变，也就是说人人都要成为领导者，这也是公司面对复杂多变竞争环境的必然选择。

大家在工作中一定经历过这种情景：公司开会，大家花了很多时间讨论，却对某个问题迟迟无法达成一致，所有人都感觉精疲力尽；某个项目出现问题时，大家都在互相扯皮、推卸责任，所有人都忙于互相指责，却没人思考出现问题的原因以及解决的办法。每每这时，很多人会抱怨："团队效率低、业绩差，我又能怎么办呢？我又不是领导！"而领导也会抱怨："我已经把问题和方案提出来了，下边执行不好，我能怎么办？"这就说明，每个人在职场中的不同阶段都应该设法提高自己的领导力。掌握了领导力真谛的人，无论是否带领队伍，都是出类拔萃的优秀人才。

我的客户王经理讲过自己的经历：

他曾经加入一家筹备中的五星级酒店，到岗时，销售部除部门领导和他以外，只有四名员工。但是需要筹备的事情非常多：既要拿到竞争酒店的报告，还需要拓展客户，同时老板要求他协助公关部推广酒店公众号，目标是开业时拥有 1 万个粉丝。对于销售部来说，每天的任务是开拓市场积累客户资源，那么其他任务该如何做呢？于是王经理决定激发全员领导力，每个员工直接负责一个任务，比如，A 员工负责收集竞争酒店信息；B 员工负责吸引粉丝；C 员工负责吸引客户资源等。每一个负责人都有权利去召开会议、商讨对策，由于每个员工被分配到的任务都需要其他员工的支持，所以员工之间互相推诿的情况比较罕见；而王经理只需要把控大方向，实时跟进阶段目标的完成情况就可以了。这就是"领导者—领导者"模式的一个缩影。

未来的组织，无论其法定权力的来源如何，本质上可能都是倒三角形结构的，即组织由一线的工作单元所驱动，而一线的工作单元里，领导者和团队合作者，甚至客户，都是一种协同互动的关系，这个组织就是靠领导力推动的。因此，人人都可以成为领导者，整合公司内外部的资源。而具有法定权力意义的上级，只是整个工作单元的支持者和协调者。

为什么会出现这样的结构呢？因为只有这样的结构，才可以最有效地利用资源，满足客户不断变化的、有差异化的需求。因此，领导力是未来组织中最重要的能力。

我们看一个案例：

经常坐飞机的人最头疼的事情应该就是飞机晚点，所以联合航空公司的机长丹尼·弗拉纳根就用他的实际行动证明了什么是"人人都能当领导者"。乘客在芝加哥机场度过了难熬的二十多小时后，他作为机长需要做出决定：是否要在当晚机场关闭之前带大家飞往奥兰治县。当时时间很紧，把握不好时机的话是不可能完成这个任务的。弗拉纳根拿起麦克风开始召集所有乘客，他对大家说："我知道大家这一天过得十分糟糕，飞机总是在延误，我希望兑现航空公司的承诺，带大家飞往加利福尼亚，但如果要在窗口关闭前起飞，需要所有人的帮助和配合。我希望你们以最快的速度帮助身边需要帮助的人，一起高效地完成登机过程。"

于是神奇的一幕出现了，乘客们以最快的速度排队，互相帮忙照看孩子、婴儿车和助行器。乘务员看到机长动员大家、帮助大家，也主动帮助乘客登机、装行李。飞机起飞以后，乘务员把机长写的便条发到了每位乘客的手里，上面写着"谢谢大家的帮助与配合"。

在这位机长亲自做表率和承诺下，大家不但结束了漫长的机场等待，而且感受了一趟美好的飞行体验。

这位机长说，他希望每次登上飞机，都有机会去做承诺、做表率，去示范什么叫作追求卓越。他也坚信自己的团队成员愿意做同样的事情。他热爱自己的工作，这种热爱也感染了别人。

如果出现延误，他会为飞机上的每个人订购比萨或者汉堡包。在大家享用美食时，他会详细解释为什么会发生延误，还会讲一些与延误有关的趣事。弗拉纳根机长会为乘客举行抽奖活动，会给无人陪伴的儿童的父母打电话，告知他们孩子安全到达。他用手机给货仓里的宠物拍照片，并把照片拿给宠物的主人看，让他们知道自己的宠物是安全舒适的。他亲自帮助坐轮椅的乘客登机。没人要求，但他真诚主动地去做这些事情。他说："我每天都发自内心地积极工作，选择我的态度。"

弗拉纳根机长知道领导者和空有权威者之间的巨大差异。任何人都可以成为领导者，了解如何培养员工领导力的组织会拥有不可思议的竞争优势。一个组织如果有很多像弗拉纳根这样的员工，它必将势不可当。

全员领导力就是人人都可以成为领导者，这也是企业管理的难点，如同杰克·韦尔奇看待他在通用的工作那样："困难就在于将主人翁意识在组织中传递下去。"

第3章

管理权力下放，构建扁平化组织

权力和控制的关系已经不适合管理企业

人们一说到管理就认为要么用权力控制员工，要么用薪酬去吸引员工，否则就管理不好企业。

很多人认为管理就是用权力去控制"管住人"，然而，权力和控制使领导者与员工成为对立关系，而不是合作关系。从管理对象这个角度来看，一个组织的核心构成包括三个方面：人、事、物。其中"人"是管理的起点，也是终点。领导者对事和物的管理都是通过"人"来进行的，是"人"在操纵机器，维修设备，生产产品；是"人"在执行决策和计划，发现缺陷与不足；是"人"在思索创新与变革。所以先管人再管事是管理工作的基本顺序。

"90后""95后"成为职场的主导，他们内在的需求有了很大的改变，他们拥有独立的个性，不再像以前的职场人士那么"听话"。不少领导者抱怨：

为什么学习了大量管理知识，参加了不少管理培训，还是难以管理"90后""95后"员工？

为什么邀请了大牌名师给"90后""95后"员工培训，仍然不见成效？

为什么"90后""95后"员工总是挑剔上级、抱怨企业、不懂感恩？

为什么明明付了不错的薪水，"90后""95后"员工还是工作懒散、敷衍了事，动辄辞职走人？

为什么"90后""95后"员工什么事都关心，就是不关心自己的工作？

这么多的为什么折射出一个问题：现在的年轻员工不好管。这是各个企业必须面对的问题，未来"95后""00后"员工将成为职场主力军，也将成为企业的核心竞争力，要想赢得未来，就必须了解这些年轻人的需求，然后对他们进行有效的激励，如此才能留住他们的心，驱动和赋能他们。权力和控制这些手段已经不再适合管理企业。

不少领导者属于"70后""80后"，他们依然沿用传统的管理模式，强调控制、规范、等级、服从、改造等，但这对"95后""00后"的年轻员工已经渐渐失效。

以"95后""00后"为代表的新一代员工，他们有鲜明的时代特征，他们的思维方式和行为方式都比之前的职场人群有了更鲜明的风格。他们关注人的基本权利，关心精神感受，强调爱和自主，擅长个体发光多于团队合作，他们的自我意识增强，对人、对事有自己的判断标准，他们拥有与生俱来的自信和底气，并且有领先上一辈的视野，对于权威不会盲目崇拜，心里有了想法不会拐弯抹角说出或沉默，而是选择更直接和真实的表达方式。在团队中他们关注公平公正，信奉用实力说话。"真诚""拒绝画饼""言行一致""公平公正"等词是"90后""95后"员工口中的高频词。

这些年轻员工，感受到的关怀和关注都可以让他们觉得自己在老板眼里不只是一颗"螺丝钉"，而是一个共同战斗、有血有肉、有家庭、有情感的伙伴。被很好服务和尊重的员工也往往能够提供很好的服务给他们的客户。

　　员工在工作中付出的不只有时间，还有他们的心。心在哪里，创造力就在哪里。让"员工因为工资到这里来工作"，变成"员工想来这里工作"。真正的员工体验是让员工充分理解企业文化价值核心，感知公司的情怀与使命，让员工有充分的参与感，员工与企业共同设计自己的职场体验，从而自下而上地打造创新型组织。

　　在领导者越来越认识到对组织来说排在第一位的是"人"的时候，就应该意识到，让员工服从并不能解决所有事情，尤其是面对优秀的员工，权力和控制的关系往往是无效的，那么这时就需要领导者运用适宜的方法。

　　比如让员工得到充分的尊重和肯定，这能够让他们努力为组织效力，是员工主动创造效益的立足点。只有将组织中每一个人的潜能和创造力都发掘出来，并将其自发地应用于组织的实际运作过程中，才能够真正实现领导者的目标。

　　与用权力控制员工相反的另一种手段就是去服务员工。

　　看两个案例：

　　鼎泰丰等服务型企业所有的服务理念和价值，全部由一线员工对客户进行传达，所以，他们不但赋予一线员工充分的权力，更在意一线员工的体验。鼎泰丰请员工住五星级酒店、吃米其林餐厅，让他们亲身感觉良好服务的魅力。鼎泰丰被《纽约时报》评选为"十大特色餐厅"，俘获无数消费者的心。鼎泰丰人力总成本占总营收的48%，年盈利却逐年创新高，背后的秘密就是服务员工，让员工真正感受到服务的魅力和精髓，从而产生了心理与生理双重的幸福感，然后真正用心去服务客户。

杜邦公司给员工家属寄去温暖。1995 年冬天，广东特别冷。杜邦公司新研制出一种轻盈、保暖的无纺布，客户用这种布料做成了保暖轻便的手套，一上市就受到广泛好评。了解到这一情况后，杜邦公司从客户那里购得一批手套，给所有员工的家人都寄去一双，并附上感谢他们培养优秀子女的信。

员工开始并不知情，回到家之后，听到了父母对公司的称赞，收到了父母的叮嘱："这个公司不错，一定要好好地干。"员工感受到了公司的温暖，以更大的热情和责任感投入公司的建设中。

父母的谆谆教诲和殷切期盼，比公司生硬的规定更容易深入员工心中。杜邦公司通过员工父母向员工传递了关爱和尊重，员工也报之以更多的工作热情和责任感。

这两个案例中的企业不是靠权力和控制去管理员工，而是用情感和温暖去打动员工。未来的企业管理，更多的是靠激发、赋能和温暖使管理更顺畅，而不是靠权力和控制。

管理就是学会放手

真正的领导者是通过别人来完成工作的，只有这样才是个"领导者"，如果学不会放手，就永远是个"干活的"，既无法成为真正的领导，也不能正确扮演管理角色。不会放手的领导者，遇到任何事情都会说"放着，我来"，这样的领导者管的事特别多，凡事亲力亲为，反而不令员工喜欢，因为员工觉得领导不给自己锻炼的机会，跟着这样的领导无法成长。

领导者事必躬亲只会累坏自己。习惯于只相信自己，对别人不放心，甚至经常凭着自己的想法干预别人的工作过程，是许多领导者的通病。问题是，这会形成一个怪圈：领导者喜欢从头管到尾，越管越变得事必躬亲，独断专行，疑神疑鬼；员工越来越束手束脚，养成依赖、封闭的习惯，把主动性和创造性丢得一干二净。

任正非说过："现在流程上运作的干部，他们还习惯于事事都请示上级。这是错的，已经有规定，或者成为惯例的东西，不必请示，应快速让它通过去。"

所以，领导者要充分授权和赋能，让员工快速成长。

有人将领导者的放权和授权比喻为放风筝，要"舍得放，敢于放，放而高，高而线韧，收放自如"。不敢放权，其核心原因是人的问题，关键点是授权人的信任和受权人的能力。高层领导只有在确信员工的能力可以用好、用对这些资源之后，才能真正地充分放权。否则即使有了授权也是一纸空文，最终的决策权还是在高层手中。

领导者充分授权的根本目的不是让自己轻松，而是要使员工能力更强，企业后劲更足。说到如何留住人才，很多人会说：要充分授权，使员工才华充分施展。但是，授权真的那么简单见效吗？授权不等于撒手不管，任员工想怎么做就怎么做。授权之后不要干预员工，不要员工事事汇报，但基本的工作汇报还是需要的。而且作为领导者，要时刻关注员工的工作进展，发现苗头不对劲时，及时干预，帮助员工纠正错误。

在《三国演义》中，诸葛亮足智多谋，但因为学不会放手，导致自己劳累一辈子也没能为蜀国培养出更优秀的军师。诸葛亮每次打仗前，都会给将士三个锦囊，让他们到了关键的时候打开，不到关键的时候不能看。将士们拿着三个锦囊出发了，走到半道迷路了，这不就是关键时刻吗？赶紧打开一个锦囊，看看丞相写的啥解决方案。完全听丞相的，赢了算谁的？赢了，这些将军说丞相真乃神机妙算！一切荣誉归于丞相，将军们并没有成就感。输了是将军承担责任吗？不是！将军输了回来说，丞相，我严格按您的锦囊妙计行事，还是输了，是司马懿太狡猾。这时候丞相一般说什么？说此乃天意！所以只要你听话，做错了也不怪你，做错了没人承担责任，领导者不承担责任，员工也不承担责任，在这种格局之下，谁敢冒险去承担责任呢？

优秀的领导者始于无所作为，不作为的关键是放手。事实上，真相很简单，也很容易理解：不要自己做每件事，大胆地把它交给别人，如此才会成为一个更强大的领导者。换句话说，停止执行，真正开始领导。

沃尔玛公司的创始人沃尔顿早期创业时十分辛苦，许多事务他都要亲力亲为。随着公司规模的扩大，他意识到自己不可能参与一切事情，有必要对下属进行授权。于是，在开第二家沃尔玛店时，他第一次将本属于自己的权力下放给了一些优秀的管理人员。随着公司的发展，他不仅将更多的事务交给下属管理，而且允许其行动自由，并享有决策权力，有权根据销售情况订购商品并决定商品的促销策略。

敢于对员工授权的领导才是自信的领导，因为对员工充分授权就是"复制"另一个自己的过程。如果每一个员工都能独当一面，那么这个团队一定是非常强大的。一个充分授权的环境，会使所有员工全身心地投入工作，为企业的发展而共同努力。领导的重点是激励与授权。减少控制，增加激励与授权，即"少管理多领导"，这才符合简约管理的趋势。通过有效授权与激励，优秀的领导者用简约的、低成本的方法让员工自动自发、创造性地工作。授权就是"复制"自己，就是让别人为你工作，是解放自己时间的重要方式。

实现组织的扁平化管理

组织扁平化旨在构建一个以突出核心竞争能力为轴心，提高快速响应能力，以速度和高效取胜的组织体系。扁平化管理是针对传统的层级式管理而提出来的。传统金字塔模式的管理就像谷歌前 CEO 埃里克·施密特在《重新定义公司：谷歌是如何运营的》❶ 中描述的场景：

想象一栋 20 层高的大楼，你站在 10 楼的阳台上。每层的人数随着楼层的升高而递减。大楼的最高层只有一个人，而大楼的底层则是人头攒动。现在，想象你正站在阳台上，楼上的人对你喊了些什么，还扔下来几份文件。你接住文件，回到屋里按照指示对 9 楼工作人员进行分工，你小心翼翼地批注了他们需要注意的重点。之后，你重新回到阳台，向你楼下

❶ 埃里克·施密特，乔纳森·罗森伯.重新定义公司：谷歌是如何运营的 [M].靳婷婷，译.北京：中信出版集团，2019.

的团队丢下几张表格和几段文字。楼下的人如饥似渴地阅读着你的文件，看完后，转而将这个"批注"仪式重复一遍，传给 8 楼的人。领导者对这个故事似曾相识，这是绝大多数公司的信息流动方式。传统的金字塔模式传递路径长，中间信息容易缺失。

扁平化模式就是指组织架构又扁又平，组织管理层级很少，信息汇集节点也少。每个员工都感觉离 CEO 并不遥远。同时，这种扁平的级别不仅仅是架构上简单，更是在公司中创建了一种平等的文化。

组织扁平化的内涵有以下六点：

（1）管理幅度增大，管理层次缩减。

（2）信息流的畅通。

（3）创造性、灵活性增强。

（4）决策周期缩短。

（5）士气和生产率全面提高。

（6）管理成本降低。

被誉为"全球第一 CEO"的杰克·韦尔奇在 1981 年，就任通用公司首席执行官时，公司机构臃肿，从董事长到现场管理员之间的管理层数目多达 2426 层，管理非常混乱。杰克·韦尔奇上任后，顶住各方压力，对企业内部进行扁平化改造，使公司管理层级数锐减至 5~6 层，彻底瓦解了自 20 世纪 60 年代就深植于组织内部的官僚系统，不但节省了大笔开支，更极大地提高了管理效率，企业的经济效益大幅提高。

扁平化的管理模式通常表现为高度自治，每个人都有权为公司做出重要决定，不限制员工的创造力或无视他们的观点，而是要让公司有一个统一的目标和解决方案。因此，即便没有领导者的监管也会做出正确的决定。领导者省下大把的时间，员工也更加满意自己的工作。这也是实现全员领导力的关键和基础。

扁平化管理不是完全没有层级，而是将层级做了更加科学的分工，比如阿米巴的自盈利模式、韩都衣舍小组制、海尔的平台创客等，都属于扁平化管理的典范。

组织结构的扁平化改变了以往企业和员工的关系，组织结构的变革也必须改变以往的人才管理方式，不能停留在原来的模式上。小米的"工程师"、海尔的"创客"、红领的"节点"等都是将以往的职位去固定化，扩大员工的职责边界，员工自我管理的弹性更大，更多的是基于角色和能力的一种管理。

如何实现扁平化管理，让员工实现高度自治呢？可以从以下四个方面入手：

1. 把员工小团体化

吃大锅饭的时候每个人都没有参与的热情，而一旦把员工分成小团体就能促进员工的工作热情，同时能够营造一种轻松自然的工作氛围。比如永辉超市设计的合伙人创业组织理念，就是希望把超市的每一个员工变成合伙人和主体经营者，永辉超市的管理模式是把7万名员工拆成1万个小组，实现了"大公司，小团队"。各个小组都以合伙人的模式来运作，以自我竞争、自我发展为导向，这样的机制就非常灵活。

2. 在小团队里培养领导

在分好的小团队里让大家推选自己的领导，这样其他成员才会积极配合工作，形成一个有凝聚力的小团体。

3. 不要千篇一律的薪资

不论多小的团队，都要让他们看到，不断进步才能得到更多的回报，所以，要给他们设定奖励机制，哪怕只是极少的额外补贴也好过没有。人就是这样，你一直不给他福利，就会让他们感受到不满，你偶尔给他们一次奖励，就像久旱逢甘霖，带给他们新生。

4. 让每个人都具备领导力

人只有感觉到自己在某个组织里有价值才会更努力，要让每个员工感受到自己贡献的一份力量可以推动企业更快、更好地发展。企业发展了，他们工资也会水涨船高，这对他们未来也是有帮助的，可以促使他们长期留在企业。

领导力的三个阶段：自我管理、团队管理、经营管理

领导力是一种管理人的高级需求的能力。领导力有高低，可以将其简要地划分为高、中、低三个层次，其中高、中层次的领导力为真正意义上的"领导力"，低层次的领导力为一般意义上的"管人能力"。

领导力的发展分为自我管理、团队管理和经营管理三个阶段。

1. 自我管理

任何一个进入企业的人，最初都是以贡献者的状态出现的，无论从事什么职位，专业化和职业化是个人必备的素质。通过个人能力为组织做出贡献，从而获得提升，然后才能为成为领导者打下基础。真正的领导者需

要有强大的自我管理能力。就像冯仑所说的："我们老以为伟大是领导别人，这其实是错的。当你不能管理自己的时候，你便失去了所有领导别人的资格和能力。当一个人走向伟大的时候，千万先把自己管理好，管理自己周边的人脉、社会关系，管理自己的行为，当你管理好了自己，自然会生出更多管理别人的人格魅力和特质。"

在现实当中，真正成为领袖的人非常少。其实根本原因在于，多数人没有从如何管理自己这个角度去培养自己。

实现自我管理，培养自己成为领导者有三个重要步骤：

第一步，给自己设定目标。一个人敢于挑战目标，才能超越自我。唯有不断地给自我设定新目标，才可以真正成长起来。

第二步，在实践过程提升自己。这是一个日新月异的时代，原地踏步就等于退步，所以要不断学习和提升自己的能力，不断前行精进的过程就是自我管理的过程。

第三步，用知识和技能去影响别人。想要练就领导力，首先要具备影响力，而影响力来自个人具备的真正实力，实力既是知识也是技能。知识越多，越能带领别人进步，自然就可以成为更好的领导者。

多数人对自己的人生选择放任自流，之后又不得不承担其结果。而卓越的自我领导者能决定他们希望过怎样的人生，通过计划和行动达成他们所期望的结果。尽管每个人或多或少都在践行自我管理，但我们当中只有极少数的人可以把这种能力完全发挥出来，多数人展示出的自我管理能力往往忽强忽弱，因为在这门艺术上没有经过适当的训练。

自我管理是领导者个人能力的核心，并为发展信任关系提供基础，从而为团队管理打下基础。

2. 团队管理

一个优秀的领导者，不仅要自己能干、会干，更要学会识人、用人、管人，激发团队的活力和动力，带领着团队不断成长、成就卓越。从事团队工作的高效领导者知道，如果要服务于并肩奋斗的员工，并激发他们的能力和动力，就必须尊重个体多样性并认可团队合作的力量，这将给领导者带来一场更加复杂的挑战，但做得好，结果可能令人非常满意。

建立团队领导力可行的步骤：

决定组建团队—尽可能地组建最佳团队—为发展团队付出代价并确保团队获得成长—营造集体氛围使得团队成员共同行事—赋予团队成员责任和权利—努力提高团队士气—观察团队是否在朝你期待的方向发展—终止对原地踏步或不愿提升自己的成员的投资—为团队创造新机会—给团队创造最佳的成功机会以确保团队获得高回报。

团队管理不只适用于大型团队领导者，即使一个小组长同样能发挥强大的领导力。比如，一个企业中有七八个销售小组，其中一个小组做得特别好，销售业绩年年第一。原来是组长特别会营造氛围，他虽然不能直接给自己的小组成员发奖金，却能鼓励士气。每到节假日他就自掏腰包给小组成员购买礼品，隔三岔五还会带领小组成员一起聚餐。遇到需要担责任的事情，组长会一马当先把责任全揽在自己的身上。于是小组成员觉得跟着这样的组长干特别好，人人都把小组任务当成自己的任务，销售的时候不用组长"喊口号""打鸡血"，人人都想做到最好。最终，这个组长就把自己的小团队带成了优秀团队。这就是团队管理。当领导者能够以身作则，用心去做一件事，真心对自己的团队成员好时，大家能够感知到，自然会卖力去干。

3. 经营管理

领导者掌握了自我管理及团队管理后，就进入了第三个阶段，也就是领导者能否进行经营管理，也就是管理多个团队。在第三个阶段，领导者明白了管理的原理和人性的规律，明白了管人就是关心，也就找到了管理的乐趣，开始设法建立优势管理文化，充分尊重并信任员工，尝试用目标来激励员工进行自我管理，指导员工将个人目标通过制度文化融入企业的整体战略目标中来，每个人都自动自发地做事，都把工作当作事业，从而发挥团队整体优势。这时，管理者本人也就得到了全面的成功。

成为领导者，而不是管理者

什么是领导者？人们习惯认为一个企业或组织里那个手持权力的管理者就是领导者。事实上，管理者与领导者并不是相同的，二者有很大的区别，如表3-1所示：

（1）领导者具有创新精神，而管理者照章管理。

（2）领导者具有开创的原创特征，而管理者是复制品。

（3）领导者谋求更长远的发展，管理者维持现状。

（4）领导者重视人，管理者重视制度。

（5）领导者着眼于更远大的目标，管理者着眼于短期目标。

（6）领导者敢于挑战现状，管理者忍受现状。

表3-1 领导者VS管理者

领导者	管理者
拥有推理和判断能力，知道如何在合适的时间把信息、知识或技能应用于具体的事情，并得到好的结果	拥有信息知识，在某一方面有很深的造诣
大多数情况下，会让复杂的东西简单化	常把简单的东西复杂化
综合看待事情，并采取行动	把事情拆解开来分析
用开放的态度倾听，善于接受他人的观点	喜欢按自己的方式做事。倾向于盲信自己和控制别人
目标是：改善现状，提升绩效，创造更多价值，增加资产	目标是：流畅、完美无瑕地运营

所以，要让一个组织更富有生机和活力，需要的是领导而不是管理。领导是通过影响别人从而达成目标。管理是通过体系制度、等级关系完成工作任务。虽说在现实社会中等级关系是最重要的管理手段，但是，偏倚刚性管理手段就会造成无人敢言的一言堂局面，这样根本无法发挥员工的能动性。领导者需要的，是要将管理升华成一门艺术，这门艺术就是领导力。

领导者决定组织的运营效率。不管是球队、社区团体还是企业，所有组织的成败都取决于决策团队的质量高低。但同样重要的是，领导者决定雇用、组织的目标和抱负、工作环境、授权、士气、资源配置、透明度和道德标准。卓越的领导者能够指引明确的定位和方向，鼓舞人心，重振希望。

成为领导者可以从以下五方面着手：

1.定位你的角色

作为"领导者"应该具有战略思维，引导他人做正确的事。

2. 组织成员每天"正在做什么"

可以从四个方面着手，分别是：

（1）我们正在解决什么问题？

（2）为什么这件事对组织非常重要？

（3）我们要的结果是什么？

（4）这件事可能会对预算和整体的工作进度造成什么影响？

3. 要有效且正确地进行沟通

根据不同的项目，领导者可以询问以下问题当中的一个或者几个，来确定接收者是否真的明白了：

（1）下个月／季度，你展开这项计划的关键步骤是什么？

（2）完成这样一个项目，切实可行的日期是什么时候？

（3）你觉得我们需要联系哪些供应商？

（4）在项目的进行过程中，你觉得有什么事情会使我们延误？

（5）我设定的预算是这么多，你觉得这些钱够吗？

（6）现在你觉得有哪些需要注意的问题？

4. 尽量不去评论，而是去带领

领导者要发掘别人的长处，以鼓励和支持为主；而评论往往是发现别人的短处，以批评和苛责为主。事实证明，责任、鼓励和支持所提供的动力要比批评和苛责大得多。可以尝试用一些战略的眼光去发现员工的长处，比如为员工提供资源、提醒潜在的危险、给予反馈、布置更有挑战性的任务来帮助他人积累经验，提升技能。

5. 注重影响力而非权力

作为领导者，如果没有影响力，即使有权力也一无是处。领导者如果自我膨胀，把自己的权力瘾放大，就很容易走向管理者的角色——只能行使权力而无法形成影响力。

现在人们谈起管理，大多谈论的是领导者，而不是管理者。我们正在进入一个管理控制消退的时代，员工不再是过去那种接受和执行命令的传统角色，而是要在一个市场体系里，为了自己的未来而主动承担责任。因此，对员工的管理和控制由每个员工的企业家梦想所取代。这一结果有助于组织产生更大的能量、更高的员工参与度、越来越多的新奇想法，以及更高地发挥员工才能的可能性。企业不再是员工灵魂的监狱，而是实现其梦想的载体。

领导者传达的是思想力和影响力

领导力的本质是影响力，就是影响别人去实现一个特定目标的能力。真正影响别人的能力，来自思想。形式上的领导是短暂的，行为上的领导是小范围的，只有思想上的领导才是长久的、广泛的、深入的。这就要求领导者富有想象力且善于直觉判断，富有创造力且感觉敏锐；既有优秀的创意，也有难以言传的预感；既有敏锐的洞察力，也有突然闪现的灵感。说白了，就是思想力。

领导力通俗地讲，就是获得追随者的能力——有多少人愿意跟你走，有多少人愿意在你的麾下效力。领导力是由思想力、表达力、行动力构成的，而思想力是隐而不见的第一要素，也是其他两个能力之源。

思想力不是天生就有、自然形成的，而是在实践锻炼中、在总结经验教训中积累和增长起来的。这方面没有捷径可走，也没有顺风船可驶，一是靠学习，二是靠实践。

领导者是依靠公司制度和个人学识能力来带领团队完成既定工作、实现自身价值的；而从另一个层面来讲，只有当领导者的能力始终处在可以有效带领并管理好团队前进时，才有了自身作为领导者的价值。

那么，领导者的思想力和影响力都从哪些方面来体现呢？

1. 品格影响

品格包括人品和格局，优良的品格会给领导者带来非常大的感召力，能够使群体成员对其产生尊重、敬爱。品格优良、作风正派的领导，必然会带出一批正直优良的下属。

首先，领导者是企业的代言人，互联网时代的领导者更需要借助故事传播自己的思想，营销自己的业务。其次，互联网让所有人深切体会到人脉的价值，要有意识、有规划地发展管理能力和人脉。最后，领导者要持续进步，提供自我觉察和反思能力。反思是心智模式迭代的重要手段，领导者的心智模式也要不断迭代更新。

曾国藩一生爱才，也在积极培养人才，他有一句名言叫"自立立人，自达达人"。孔子说："己欲立而立人，己欲达而达人。"自己能卓然自立通达，才有能力去扶助别人自立通达。能够做到"自立立人，自达达人"的领导者，才达到了高境界。

一个人的成功是小成功，一群人的成功才是大成功。企业管理中，有不少管理者整天想着自己如何赚更多的钱，自己如何成就一番事业，但是却很少考虑如何帮助下属提升能力，如何帮助下属成就一番事业。所以，这些管理者是无法做到"自立立人，自达达人"的。为什么呢？根本原因在于缺乏富足、满足的心态，个人的私欲太强，太难以满足，缺乏分享的精神和宽广的胸襟，更不具备高瞻远瞩的格局。那些让人敬佩的企业家，往往都具备自立立人、自达达人的精神境界和胸怀格局。

把大企业从泥淖中带出来的领导者很多，被称为"经营之神"的稻盛和夫就是其中一位。稻盛和夫以 78 岁高龄入主日航，在非常短的时间内，彻底改变了日航的组织架构、会计系统，甚至改变了员工的心态、工作方式以及价值观，这是最了不起的地方。稻盛和夫带领日航重启并走向繁盛，是如何做到扭亏为盈让员工都拧成一股绳的呢？就在于稻盛和夫通过自己的人格魅力来感染和影响了大家。

2. 能力影响

人的能力是多方面的，如果一个领导能够在安排员工工作时，避其所短，用其所长，让员工的专长得到充分发挥，让各项工作井然有序，这也是一种非常强大的领导能力。

3. 情感影响

领导者不能只是高高在上的权力者，而要深入基层、平易近人，时时体贴、关心员工，和下属同甘共苦。以此建立起来的强大根基，会让员工更信赖领导，使领导更容易展开工作、推行决策。

对员工进行感情投资是零成本激励的重要内容。员工的能力是不可能一下子全部发挥出来的，需要一个循序渐进的过程，这一过程能否出现，取决于领导者有没有对他们进行卓有成效的情感投资。情感投资包括建立员工互助基金委员会、为员工举办生日或婚礼庆祝会、记录员工的愿望、给员工写个人评语、给员工父母写信或寄礼物、关心员工而不只是工作等。

人格、能力、情感这三个方面的影响力代表的是领导者的思想，一个没有思想力的领导者就不会产生影响力。和有思想力的领导者在一起干事业，会让员工感受到自己在干一件伟大的事情，能成就伟大的事业，会产生一种积极向上的力量。

领导者的领导力=员工的执行力

领导者最头疼的就是员工缺乏执行力，致使工作效率低，企业整体绩效和经济效益低下。所以，企业最喜欢给员工培训执行力的课程，期待通过教育员工，提升他们的工作热情、积极性，进而提高员工的执行力。

有些领导者经常感到自己的好想法不能实现，具体表现在：新的营销策略已经开会说明了，一到下面就走样；虽然确实按照公司的指示去做了，但产生不了预期的效果；好多部门都签了目标责任书，但还是完成不了任务；公司员工都在忙，但就是不出成绩；一件小事吩咐下去几个月还解决不了，并且员工没有主动反馈，要等到自己过问才知道……

出现这种情况，大部分领导者都认为原因是员工执行力差，或员工对待工作的态度问题。事实果真如此吗？当整个团队的进度不如领导者预期的那样，仅仅是员工的问题吗？

遗憾的是，大部分公司把执行力的培训当成了培养员工无条件服从的活动，认为执行力等同于员工的服从性，提高员工执行力的培训变成了对员工进行的"奴化"教育。其实，大多数组织中似乎都存在这么一种观念：只要结果不好，那么员工就是有错的……事实上，导致工作失败的很多原因都与组织有关，且在员工所能直接影响的范围之外。真正执行不力的根源都在领导者身上。用一句话概括，员工的执行力等于领导者的领导力。

具体地讲，如果领导者不懂得怎么跟员工说话、怎么批评员工、怎么表扬员工、怎么布置任务、怎么组织员工会议、怎么带领员工创新与变革，员工自然缺乏目标感、责任感、价值感、意义感、兴趣与热情，又何谈执行力，自然也不会有好的绩效表现。

如果领导者单纯要求员工具备执行力，员工却依然没有执行力，是有以下三个原因的：

第一，员工不知道干什么。领导者没有给员工明确目标，只是下达命令，员工糊里糊涂去做，自然做不到有针对性、有效率，如果沟通不畅的话，员工自然不会有高效率的执行力。

第二，员工不知道如何去干。员工有劲儿无处使是因为领导者没有一套合理的流程或示范，或者根本没有交代清楚，导致员工时常出现执行不力的现象。

第三，员工干了看不到好处。领导者只知道惩罚而不知道如何激励，员工干好没有奖励，干坏却有被罚的风险，这样人人都会往后缩而不会往前走。

领导力和执行力是一个硬币的两面，往下看是执行力，往上看是领导力。执行力本质上是一种有结果的行动，强调的是结果；领导力本质上是一种让下属自愿服从的能力，强调的是让下属自愿服从，而不是强迫。

所以，提升团队执行力，需要从领导力入手。

1. 领导者首先要把执行的目标讲清楚

确定一个目标，往往口头上协定效果较弱，如果领导能够使用辅助工具，制作一些工作单，明确描述工作的内容、期望的结果、完成的时间、主要负责人、辅助者，大家签字生效。如此一来，员工感知到的不仅是清晰的方向，还有郑重的承诺，在执行的时候就会有积极的态度。同时工作单还能让下属不用直接面对领导者，不会产生抵触情绪。所以，工作单的主要作用是要让工作要求更加清楚，而不是为了签字落实责任。

2. 执行时要有方法可依

领导者在制定目标之后，要考虑到执行层。既然执行层的任务是执行，领导者就应该假设他们没有思想，从而对其提供具体的操作方法。一个方法需要经过论证、实施和反馈三个环节来进行。论证的意义就是领导层不能凭自己的意愿随意定目标或计划，而是要根据市场需要来进行。然后根据具体的实施过程及时反馈，如果效果好就继续，效果不好则要积极改进。对于执行层来说，传授工具和方法远比传递思想更重要，励志培训不会带来多少业绩增长，解决问题更多的是靠方法而非热情；任何一个方法总有不足之处，执行中的反馈有助于使其进一步完善。

3. 执行过程流程要合理

流程合理就是不能出现外行管内行或责、权、利不对等的情况。比如常见的现象就是，人力资源部并不了解销售部和财务部的真实情况，却能够随意辞退员工。这样一来在人才选用上就会有失水准，只有先摸清各部门员工的真实水平才能行使这样的权力。要想使流程合理，首先要转变领导者的思想，一是领导者要适度放权，二是部门之间要强化支持功能、淡化管理功能，尤其是不能让外行管内行。

比如，一个人力资源部经理如何评价一个营销总监的工作是否合格呢？反过来，人力资源认为合格的人，就一定拥有执行力吗？在很多企业，人力资源部在员工招聘和管理中发挥了过多的作用，导致员工多干活多犯错，不干活不犯错，只要态度好就行，这样的公司很难做出好业绩。

打造为员工赋能的平台

领导者领导力的优劣体现在结果上，就是能否把自己的领导力发扬光大，能否带出更多具备领导力的员工。一个好的组织是能够为员工赋能的平台，使个人能力发展与组织的愿景、使命、价值观形成联结，个人与组织发展方向一致，个人才能更好更快地发展。所以，未来的管理就是"赋能与激活人"。

这是一个不断变化的时代，环境在变，企业和团队、绩效和发展等都在发生改变。作为一个企业，如何适应环境、适应这种变化呢？一个企业生存依托的是效率和未来的发展，那么这二者的原动力从何而来？无论环境怎样改变，唯一不变的动力依然是"人"。一家企业要发展，一定离不开企业内所有的人。不管是企业的战略还是发展，最后一定会落在"人"身上，因为"人"才是最终让战略执行到位的最小单位。

应对挑战，需要的依然是"人"以及由人组成的团队，一支好的团队是成就事业的基础。诚然，团队精不精考验的是带队的人，精兵来自强将。但将再强，如果没有一队可以作战的精兵，依然没法打胜仗。所以，真正的赋能不是赋能某一个人，而是赋能团队，只有一群人聚在一起共事，才能去掉个人的局限性，取长补短。所以，用团队来定义，更容易看清组织的目标和未来，这也就意味着企业需要成为赋能型平台。

赋能型平台也是员工对企业的要求，因此，很多求职者青睐于在大企业、大平台谋求发展，因为在大企业、大平台中，其"组织赋能"的能力尤为突出。那么，如何将企业打造成一个赋能型平台呢？

1. 将员工培养成精英

传统的领导者把主要精力用在企业的绩效增长上，而赋能型的领导者则把更多的精力放在精英员工的成长上。绩效的增长与员工的成长是相辅相成的，没有精英员工何来傲人业绩？领导者两手都要抓，两手都要硬，一手抓业绩，一手抓团队建设。精英员工具备好的能力和方法，才能做出更大的成绩。领导者必须深谙这层道理，把团队状态和组织能力当成常抓不懈的大事，切实关注每一个员工在工作中的持续成长，让他们在做好当前工作的同时得到充分的锻炼和成长，也唯有如此，他们每年的成长才能支撑次年的业绩增长。从这个角度看，挑战性工作不仅是业绩增长的需要，更是精英员工自身成长的必需。

2. 关注员工成长

一些企业领导不尊重员工，在管理中倚重责备、惩罚、开除等手段。事实上，如果领导者给予员工充分的尊重，他们反而会积极地工作，并且做得很好。

稻盛和夫的阿米巴式管理模式就是以人性化管理为基础，创建员工感觉幸福的企业。稻盛和夫认为，得到幸福有两条路——爱和工作。真正的成功者，一定是帮助别人获得成功的人；真正的幸福者，一定是为别人创造幸福的人。稻盛和夫这两点就做得非常到位，他说："即使是小公司，年轻员工也是把自己的一生托付给了公司。所以公司有更重要的目标，就是保障员工及其家庭的生活，并为其谋幸福。而我必须带头为员工谋幸福，这就是我的使命。"稻盛和夫把追求员工及其家庭的幸福作为公司第一目标；第二目标是为了协作商的员工及其家庭的幸福；第三目标是为了客户；第四目标是为了社区；第五目标才是为了股东。正是这种管理模式，让京瓷的很多员工，一旦进入公司就以公司为家，心怀终生为公司服务的期待和愿景，真正把自己当成公司的一员，激发出内在的潜力，不断成长。

3. 让员工有晋升空间

人往高处走，无论是工作还是生活，总要有个奔头儿。或者说，人基于对未来的希望，来克服当下工作中感受的辛苦与疲惫。员工来公司上班，自然对未来也是充满希望的，例如，职务提升、收入提升、个人发展空间、权力影响力，乃至在公司里受尊敬的程度等。甚至不局限本公司的发展，寻求在行业内乃至跨行业的更大发展，或是从职业模式提升到创业模式。领导者要替员工想到这些希望，才能真正做到赋能。

海底捞的员工管理非常值得关注和学习。海底捞有一条宗旨，就是所有高层都是从底层上去的，所以这给了所有员工努力工作的积极性。海底捞员工的工资待遇都不错，只要肯努力工作，升职加薪很快，一名普通员工也有很多机会成为店长，而且干的时间越长，越有大的发展空间。在海底捞，每个员工都能够凭借自身的努力晋升，很多高管也都是从最基层的服务员做起的，员工有充分的晋升空间，这样使更多的员工在工作的时候充满自信和激情，更能展现自己的实力。

　　未来世界是不确定的时代，作为企业的领导者，如何实现企业目标？如何提升团队效能？答案就是构建赋能型团队，打造为员工赋能的平台。在这个个体崛起的时代，只有极大发挥个体价值才能给团队带来更大的效益，也才能发挥真正的领导力。

第4章

领导力训练：让全员具备"打胜仗"的思想

消除自上而下的监管体系

在实行自上而下管理模式的企业里，领导者是绝对的权威。指令从上而下层层传达，员工的工作就是贯彻执行上级的指令，员工没有权利质疑领导者，要么干，要么走人。而且，员工的职务由上级任命、员工的工作表现由上级评定、员工的工资也是由上级决定。所以，员工只能听命于上级，只能对上级负责。

假设领导者能够掌握所有信息、了解所有事物之间的利害关系，并能做出理性的分析和正确的决策，企业生产什么产品、卖什么价格、执行什么营销政策以及员工的考核升迁等，一切都必须依据领导的意志。这种模式是很难激发出全员领导力的，因为员工不被信任，什么都是领导者说了算。

所以，要激发全员领导力，就不要有那种自上而下的监管和控制体系。领导者首先要有一种理念，就是"人人都是天生的领导者"，只有相信员工能做好自己的工作，才可能在行动上支持他们。同时，领导者要保持一种好奇心。如果想知道一线员工的真实想法，一定不能有居高临下的"审查"态度，而是要平等地与他们交流，获取他们的信任。因为只有他们说出真实想法，领导者才能了解到真正的问题。

要让员工成为领导者，必须提高他们的才能，让他们学会用领导者的思维思考问题。

无论是相信"人人都是天生的领导者"，还是让下属成为领导者，首要的任务是消除自上而下的监管体系。

在管理学中有一个观点，领导就是服务。原来，领导者是指挥者，发号施令；现在，领导者是服务者，是为员工的工作提供服务的人。例如，当一个员工有了创新的想法时，领导者就应该判断这一想法的可行性，然后为他提供相关资源和条件，并赋予他一定的权力，帮助他实现这一想法。这样的模式就是自下而上。

有一家工厂，为了培养员工的主人翁意识和责任感，实行一种独特的管理制度——每周让员工轮流当"一日厂长"。每周三，担任一日厂长的职工上午 9:00 上班，进入角色，听取各部门的简单汇报。然后，根据各主管部门汇报反映的问题，由真正的厂长提议先集中解决一两件事。带着问题，一日厂长陪同厂长到各部门、车间巡视工作情况。一日厂长拥有处理公文的权力，下班前要写详细的厂长值班日记，对当天碰到的一两个较重大的问题提出处理意见，并传阅至全体员工。这样，员工就超脱出平日自己岗位的狭隘领域，大大扩展了视野，增强了全局意识，激发出自我潜能。

一些不好管理的问题往往来自自上而下的思维，职位越高的领导者越相信自己，而听不进别人的意见，容易以自我为中心，无法站在别人的立场考虑问题。事实上，领导者也是普通人，他们所掌握的信息并不比一线的员工更多。在总部大楼里不能及时洞察客户需求的细微变化，难免会因为信息的缺乏而导致决策出现偏差。一线员工最接近市场、最了解客户、也是最早发现问题的人。调动一线员工的积极性，将他们的信息及时反馈给决策层，将帮助企业做出更为正确的决策。所以，以客户为导向，以员工为重心，建立自下而上的管理模式将是一种更现实、更科学的管理方法。

看一个案例：

有一个领导者，最初管理员工的时候，看到下属做出一些糟糕的工作，他就忍不住想要指出来，纠正他，甚至发脾气，想要开除他。当他发现采用这样强力的干预措施以后，员工确实有了一定的改变。于是，他就更加雷厉风行，员工因为惧怕，短期内表现得特别积极。时间一长，员工变得越来越麻木：你让我干什么，我就干什么，你只要发通知，我就干，但是你如果没有要求，对不起，我的脑子是不愿意转的。所以，员工从来不必努力思考，这就是所有"自上而下"管理模式的弊端。每一个员工的眼睛只盯着领导者，领导者有什么要求，领导者的表情怎么样，再做改变。后来这个领导者采取了授权的模式，将企业的目标分解，设定了一套完整的流程，再把员工按照各自能力分成不同的组，让每个人都负责一个环节。最后，所有员工的工作能力和干劲儿都被激发了出来，这个管理者的担子也变轻了，而且业绩竟然比之前他处处都要操心的时候还好。

所以，如果企业能够重视员工，能够激发员工的创造力，给予他们更多的支持，员工就能更好地服务客户，为企业创造更大的收益。上场参加足球比赛的不是俱乐部董事长和教练，而是球员，是球员决定了比赛的胜负。同样，企业是通过员工来服务客户的，员工决定着企业的绩效，员工的状态才是企业的真实状态。

用好早期谈话，提升工作效率

企业消除了"自上而下"的管理模式后，领导者不能完全撒手不管，这样做会因为缺少沟通，导致下属把事情搞砸，这时领导又会抱怨自己不应该放权。其实最大的问题不是放权，而是放权后的沟通：领导者要把自己的要求清晰表达出来，而且要经常表达，确保与员工形成共识。如果沟通太少，员工很容易把事情搞砸。

领导者与下属的沟通能够给下属提供获取早期反馈意见的机会，反馈内容是针对如何解决问题的，所以能让员工对目标有更清晰的认知。

早期谈话，就是把领导者的要求说出来，听听员工用什么方法去做。领导者的要求越清晰，员工越能领会，最后才能做到大家都满意。如果员工对于领导者的意图并不能完全领会，闷头苦干许久，那就是一场灾难。如果事前的沟通太少，员工根本不理解领导者的意图和目标，干偏是再正常不过的事了。

以一个买土豆的故事为例：

老板说："小李，你赶紧去买个土豆回来。"小李跑到菜市场后发愁了："老板是想买一个什么样的土豆呢？用来干吗？个头大小和品种有要求吗？"

　　无奈之下，只能按自己的想法选了一个。结果老板很不高兴："我胳膊肿了，需要用皮薄肉脆的土豆来消炎，你买的皮厚肉沙，怎么用？"小李感到委屈又无语。

　　要知道，领导者有了安排工作这个动作，不代表员工明确了工作要求。

　　作为领导者需要明白，一个完美的工作要求应该把内容讲清楚，让员工充分理解任务的完成标准、执行原则、优先级程度，以及最终要完成的交付成果，最大限度地减少麻烦和误解。

　　所以，早期谈话的目的是什么？是不断地表达领导者的要求和想法，即想要得到的是什么结果。至于员工怎么做，怎么决策，那是领导者授权给他的事。所以，做好早期沟通是能够极大地提高效率，并且能够减少做错事的风险。

　　领导者在布置任务时，好比一艘正在航行的船上的船长，这艘船究竟要驶向何方，要往哪个方向走，怎么走才能躲避暗礁，还是要船长来指引方向。而早期谈话就是指引方向。

　　领导者可以选择一些能力较强、工作积极主动的员工，通过沟通给他们安排工作。因为他们能力强，态度积极，所以沟通的效率会比较高。通过与他们的沟通，领导者可以发现很多平时看不到的问题，这在一定程度上可以优化和提高整个团队的工作效率。

　　作为领导者如何有效地进行早期谈话呢？

1. 让员工对沟通行为及时反馈

　　沟通中最常见的问题是员工误解了领导者的意图。为了避免这样的问题，领导者可以要求员工及时对沟通的想法进行反馈。例如，当领导者给员工分配了一项任务或陈述了一个观点后，可以直接问："你明白我的意思了吗？"

2.采用不同的说话方式

在同一个组织中，每个员工都有不同的年龄、性格、教育和文化背景，这可能会使他们对同一问题持有不同的观点。此外，由于具体的工作设置，不同的员工有不同的责任领域。领导者需要意识到这种差异，并对每个人采用合适的沟通方式。

3.认真倾听员工心声

沟通不是一个人的演讲，是一种双向互动的行为。为了使沟通更加有效，双方应积极参与。所以，领导者在表达自己的意见时，也应该认真听取员工的意见。

领导者要克制提供解决方案的冲动

领导者在检查员工工作时，经常会遇到安排给员工的工作完成得不够理想或达不到自己的要求。当然，大部分领导者会要求员工继续把这份工作做好，但也有部分领导者习惯替员工"善后"，把员工没有做好的工作自己去做，或转派其他员工去做。领导者这样"善后"的做法，在管理中是不妥当的，这会让员工失去从改正错误中学习的机会，或许员工连自己犯了错误都不知道，下次一定还会犯同样的错误。

所以，作为领导者要克制给员工提供解决方案的冲动，不能总去"善后"，而是要让员工自己去做，即使错了也能在错误中增长经验，持续成长。作为领导者，重要的是指导员工如何把工作完成得更好，引导员工改进和完善工作中不足的地方，而不是代替下属去完成工作。

要想克制自己提供解决方案的冲动，领导者要做的是分析员工错误背后的原因，知道了其为什么会犯错，才能提供有针对性的解决方案。

财务部门主管小王升职后，他曾经负责的财务报表工作交由小李全权负责，小李却总会出现错误。小王非常苦恼，明明属于小李的工作，他还得全力以赴地帮助其完成。小王就需要和小李进行一次开诚布公的谈话，去发现总是犯错的原因，原因可能有如下两个方面：

（1）时间紧导致工作完成质量不高。因为每次公司发给财务部最新的收益表通常在周二上午，只有一个下午的时间去核对系统并更新数据，时间太紧。

（2）依赖心理导致责任心不强。如果真的错了，小李认为小王还会帮助他检查，这是典型的依赖心理和缺乏责任心的表现。

小李之所以不能独当一面，是因为小王总是直接干预下属的解决方法，而没有帮助小李学会主动分析，找到问题所在。解决的方法是，小王以后不要总当"救火队长"，要让小李一个人承担，并且鼓励小李找到犯错的原因，并进一步找到解决问题的办法。如果是时间不够，就向公司提出时间改进建议；如果是存在依赖心理，就必须学会自我成长。

有不少领导者总是抱怨员工工作不到位，对员工的工作不放心，总是跟在他们身后收拾残局。这就是管理学上常说的"管理者身上会背负太多团队成员的'猴子'而被压得喘不过气来，没有时间腾出手做自己更应该做的事。"

想做到不为员工提供解决方案，就要区分哪些事情是领导者的，哪些是应该放手交给员工的：

1. 员工有能力完成的事，坚定地不去干预

有些领导者觉得员工做得不如自己，认为只有自己参与才能节省时间，这其实是不信任员工。时间一长，一个员工不行，个个员工都不行，就彻底成了领导者忙而员工闲了。所以，领导者从一开始就要与员工约定好交付时间和交付标准，在员工执行任务期间不去干涉。

2. 鼓励能力不足的员工"跳一跳完成"

员工的能力有强有弱，这是正常的。把一些稍有挑战的任务交给员工，让他们"踮脚跳一跳"就能完成，关键时候可以给予其辅导和资源支持，而不是直接替员工完成。

3. 遇到员工请教，忍住不说，先听对方怎么说

比如，员工在遇到问题的时候，领导者可以先问对方"你觉得呢""你怎么想的呢"，要听听员工的思路，也可能在他说的时候解决问题的思路就出来了。很多时候员工解决不了问题，是因为只看到了表面，而缺乏背后的思考。

领导者多放手给予员工鼓励，慢慢员工才能独当一面，也才能真正培养出更具领导力的员工。很多时候，领导者总是在做重要紧急的事，但注意，如果领导者总是在当"救火队长"，那么一定要再变回一个"教练"，带着员工一起反思才行。只有管理者用自己的能力启发员工找到解决问题的方法，才能从管理中抽身出来，才能真正培养出一支"有你没有你都一

样"的精英团队。比如，管理者可以问问员工："通过刚刚的经历，你有什么新的启发？下次碰到类似的问题，你会怎么做？"

鼓励员工追求卓越而非减少错误

在一个组织中，员工在工作中各有所长，多在意员工的优点和才能，少在意短板，反而能够让员工做得更好。就像诺贝尔化学奖获得者瓦拉赫的经历揭示的：学生的智能发展都是不均衡的，都有智能的强点和弱点，他们一旦找到自己智能的最佳点，使智能潜力得到充分的发挥，便可取得惊人的成绩。这一现象被人们称为"瓦拉赫效应"。想要培养员工的领导力，至关重要的一点就是鼓励员工追求卓越，而不是让他在工作中减少错误。

比如，一些优秀的管理团队中有两种不同性格的销售人员，一种是非常外向，每天充满干劲，外出跑客户的员工。另一种是不爱外出跑客户的员工，这样的人似乎很难做好销售。但可以让不爱外出跑业务的人负责对内销售，比如主要负责电话营销，即使不和客户见面，业绩也保持得不错。领导者要更多看到员工的长处，不要总揪着问题不放，要给予员工更多的空间去追求卓越。

将军应该站在指挥部，而不是冲上前线。道理很简单，相信大多数领导者也都明白，但为什么还有许多领导者揪着问题不做？最主要的原因是领导者不允许事情出差错。只要看到员工犯错误，就觉得天塌下来一样，如临大敌。殊不知，员工越是被允许犯错，越能成长，最后才能变得更加优秀，从而自主、自发地去追求卓越。

任正非曾经说过这样一句话："允许犯错，但要有进步。"这句话包含两层意思，二者是递进关系：第一层是犯错；第二层是进步。也就是说，犯错是要有收获的，收获就是进步。如果为了不出现失误，怕犯错，便不敢去做或不敢去尝试，就会错失纠错的良机，或者失去开拓的勇气和动力。

在腾讯公司，领导者不会严格规定员工应该怎么做，不该怎么做，需要做什么，不要做什么。更多的是给员工设定一个目标，提示一个方向，让其想尽办法去达到，甚至有些时候，领导者给的目标还比较模糊。比如有的领导者会说："我们今年一定要有一个很好的产品创意。"或者"我们产品的性能要增长20%。"至于在实现目标的过程中，员工们具体会使用什么样的策略，或者采取什么样的方式，并没有做过多的限定，领导者也不会有任何干预，每个人都会有足够大的空间自由发挥。但这并不代表领导就无所事事了，他们的关注点会集中在每一个时间段的变化上，判断项目是否在朝着目标迈进。

正是因为给了员工足够的空间，才能让员工有自主意识去不断追求卓越。在腾讯公司，不论领导者还是周边的同事，对于犯错，只要不是特别重大或原则性的错误，都是非常包容的，不会因为一个错误而去否定一个人。因为他们知道，任何人都会犯错，但只要从中吸取哪怕是一段代码的教训，让自己成长，那么这次失败就是能够被接受的。

员工不怕犯错，能够在被允许和授权的范围内做自己负责任的事情，久而久之，才能有领导意识和自主能力，也能激发出员工与组织共同实现目标的心愿，最终达到追求卓越的目的。

让员工使用"我计划……"流程

领导者和员工沟通的场景特别多，想要布置任务时、发现员工做得不尽如人意时、想要让员工弥补错误时，都要沟通。但不是所有沟通都有成效，有时还会被员工认为是指责、批评。这样不但不利于下一步工作的展开，而且不容易知道员工的真实想法，以及是否有下一步的工作计划。

所以，想要激发员工的领导力，要在沟通的时候让员工使用"我计划……"的沟通方式，也就是沟通的时候以"我计划"开头。刚执行的时候，要多问，而不是直接给建议，比如："你能明白我此刻担心什么吗？"，让员工清楚这个计划的同时还要告诉他为什么要这样做。

用"我计划……"的语气开头，可以将被动听令者转变为主动领导者。被动听令者使用"被剥夺权力的短语"：我想要……"以请求获得……的许可权限"；而主动领导者使用"授权短语"："我计划……，关于……，我计划……"这个简单的扩展带来的益处是领导者必须站在比自己更高一级的角度思考问题。

那么，在与员工沟通的时候，需要用哪些问话技巧呢？

1. 问"什么时候做"

如果一个员工开始思考自己什么时候做什么，并随时都能向领导者汇报工作进度，这就向具备领导力迈出了第一步。从实干的角度看，一个高能量的团队，必然来自每一个个体。员工知道什么时候干什么，工作进度如何，正好符合想干 — 能干 — 干好这三个环节。

而在激活个体方面，有些领导者认为"员工应该知道自己什么时候做什么，领导者没有责任告诉员工该做什么，怎么做"。持这种观点的领导者习惯抱怨员工不能满足自己的要求，达不到自己的预期。那么，这就很矛盾，如果没有清晰准确、言简意赅地向员工传达你对他的期望，那么员工又怎能做到让你满足期望呢？

所以，要想激活员工，就要明确告诉员工什么时候做什么，工作的进度应该如何把握。不要不提前告诉员工你的期望，又担心员工达不到自己的期望。当领导者问到"什么时候做"，就能听到员工的准备工作做得如何。

2. 问"行动计划是什么"

员工的积极性就是他心中时刻有实现目标的计划和想法。这说明他经过思考有了下一步的打算，至于这个行动是否有价值，在你听了之后若觉得不是很好，可以给出参考建议；如果员工的计划很好，那就放手让他去做，等出了结果再看。

3. 问"实现这样的目标有什么价值"

员工心中对于目标的价值的认定不一定与领导者一致，但领导者可以通过员工的回应知道员工真正的价值取向，这是一个鼓励员工将想法说出来的过程，也是领导者与员工知己知彼的过程。

员工在做事、做决定时，要鼓励他多跟领导者沟通，而且要有意识地创造沟通的环境，比如定期一对一沟通，找个非办公室的场合等。这有助于领导者及时发现问题，既对员工表达了关怀，也有助于上下达成一致的目标和共同价值观。

4.问"这样做带来的意义是什么"

当员工开始思考一个事情做完对企业的意义,对团队的意义,甚至对社会的意义时,就会有一种自我成就感。会认识到自己做的事情的严肃性,从而不会随便对待这件事,会用更加严肃的态度去对待自己从事的工作和计划。

如果员工刚开始使用"我计划……"模式的效果不太好,那么可以有几个方法帮助员工开启思考模式:

(1)如果是一个需要立即做出的决定,先由你决定,然后让员工扮演站在决定对立面的一方,并评估决定的可行性。

(2)如果做出决定的时间还算充裕,就让员工先给出意见和建议,然后做出决定。

(3)如果做决定的时限允许往后拖延,那么一定要让员工给出意见和建议。不要强迫员工仓促达成共识,因为这样会粉饰不同的观点,要珍惜不同的意见。

为员工提供反馈意见

作为一个领导者,每天需要操心的事情很多。有一件事情非常重要,那就是为员工提供反馈意见,反馈得好,有利于员工去改进问题和不足,吸收经验持续成长。反馈得不好则会打击员工的积极性。所以,反馈能力的高低代表着领导力的高低。

反馈，就是领导者交代员工需要完成的任务后，根据员工完成任务的结果，调整任务，改进方法，从而形成一个闭环。就像拧螺丝，第一次拧了三圈，发现松了点，那就再拧两圈，直到拧不动为止，螺丝松紧就是反馈，我们可以根据反馈内容调节自身行为。

要想打造高效能团队，领导者先得学会高水平反馈，具体要怎么做呢？

反馈分为正反馈与负反馈，正反馈代表鼓励、尊重，负反馈代表严厉与批评，一般带着严厉批评的反馈意见容易让员工感到担忧和害怕，无助于改正问题。正反馈意见体现了相互尊重的态度，能够让人感受到真诚和关心，不容易激起员工的抵触情绪。缺乏严厉的反馈，或者直接给出修正之后的答案也许是快速解决问题的方法，但通常也是最差的方法。这样做只会让员工失去探索问题根源和实践的机会。"授人以鱼不如授人以渔"就是这个道理。

心理学家曾经做过一个著名的"反馈实验"，希望验证领导者的反馈方式对下属造成的影响。

在实验中，研究人员把一个团队的成员随机分为三组，领导者针对每组成员，采取不同的反馈方式：

在前8周里，第一组成员每天都能得到领导的反馈，第二组成员每周能够得到一次反馈，第三组成员得不到任何反馈；在后8周里，再将第一组和第三组的反馈方式互换，第二组的反馈方式不变。

改变反馈方式之后，将会产生怎样的变化呢？

第一组成员：前8周每天都能得到反馈，后8周没有任何反馈，做事的动力和积极性下降，业绩也有所下降。

第二组成员：每周都能得到反馈，业绩保持稳步增长。

第三组成员：前 8 周没有任何反馈，后 8 周每天都能得到反馈，业绩大幅提升。

除了改变反馈频率，另一组研究人员也希望了解不同的反馈形式，比如表扬、批评等会对成员有哪些影响，于是他们将成员分成四组：

受表扬组：每次都能获得表扬和鼓励。

受训斥组：每次都会遭到批评和训斥。

被忽视组：不做任何评价，刻意忽略，但是他们能够听到前面两组受表扬、受训斥。

控制组：与前三组隔离开来，同样不对其做任何评价。

结果表明，受表扬组业绩最好，受训斥组次之，被忽视组第三，控制组最差。从实验结果可以看出，有反馈远远胜过没有反馈，持续、即刻、正面的反馈，效果更好。

领导者要想提升自己的反馈能力，一定不要"踩坑"。那么，哪些是反馈误区呢？

1. 反馈结果，不反馈行为

结果上的反馈有些画蛇添足，起不到实质性的作用，尤其业绩完成的情况下反馈一句"这个月业绩还不错"，等于轻描淡写。而反馈过程能够引导员工在做的过程中及时修正，可以深入工作过程，复盘员工行为。

2. 习惯刻板式反馈，忽略轻松反馈

在反馈过程中，很多管理者习惯板起面孔，一本正经地说话，这就是一种刻板式反馈。其实轻松反馈更让员工乐于接受和执行，比如在反馈过程中使用恰当的言行举止、表情、语气、态度等，让反馈看着像是没有反

馈一样的轻松。情绪压住事实的时候，员工只记住了情绪，感到害怕的人哪还有轻松的心态去做事呢？

3.只有消极反馈，没有积极反馈

反馈不是批斗会，不要太过苛责、说教、批评、惩罚，需要听听不同声音，允许员工说话。积极的反馈是鼓励、表扬、肯定等，但不一味表扬容易使员工骄傲自满，要以事实为依据，肯定做得好的部分，也指出不合理需要改进的地方。

4.反馈只是偶尔行为，没有做到持续和即时

如果反馈能够变成一个例会的形式不断强调，员工就会觉得这是一件被关注、被重视的事情，必须打起高度精神。如果反馈三五天才进行一次，反馈完又很久没有下文，容易让员工产生懈怠心理。领导者提供反馈要及时，万万不可"秋后算账"，这样问题只会越积越多，造成领导者不知道如何指导，员工也不知道如何做，最终导致反馈无效。

在了解了反馈对于提升团队效率的意义以及避免反馈误区之后，怎样才能用好反馈这个管理工具呢？在反馈中，领导者还需要注意以下三点：

第一，观察反馈结果。反馈的目的不是挑毛病，而是改进，让流程变得更好，让效率得到提升。所以，在反馈之后发现员工是积极的，证明反馈是成功的；如果反馈之后员工表现出不屑、不满，那么这样的反馈就不算成功，下次反馈时可以尝试做些调整和改变。

第二，复盘反馈模式。反馈之后要看员工做了哪些事情，或者没有做哪些事情；具体存在哪些问题，有哪些方面仍然没有做到位，针对这些方面为员工提出哪些建议，让员工清晰地看出自身存在的不足。了解和关注员工内心的想法，跟员工一起分析问题，探讨解决方案。

第三，就事论事。反馈不是表达或发泄情绪，也不是评论结果的好坏，而是反馈那些观察到的事实，不带情绪去陈述事实，反而让人容易接受，最好用温和而有力量的态度去反馈。

让员工对目标有更清晰的认识

管理上的效率来自全员的执行力，而强大执行力的基础，一定是建立在大家对目标清晰并且深刻的认知上。这样整个团队才能确确实实意识到目标对员工的意义，从而在内心中生出强大的意志，为整个团队输出源源不断的动力。

举个最简单的例子：A、B 两个孩子都拥有目标，A 的目标是"考上'985''211'名校"，这样一家人都开心。B 的目标是"考上清华北大，可以选择物理专业，获得更好的深造机会，离我成为科学家的梦更近"。毫无疑问，B 的目标会更加持久稳定，因为 A 实现目标的动机是外在的，而 B 实现目标的动机是内在的。

只有重新定义了目标，知道"我为什么要做这件事情"之后，才能够更加坚定地实现目标。职场上也是如此，当一个人对于目标有清晰的认知，并且转化成内在的动力时，行动才会更积极持久。

让团队清晰理解完成目标的意义，主要是要让团队拥有一种凝聚力，并且让团队有向着目标前进的希望。团队中的每一个人都有他们擅长的东西，沟通清楚目标，放手让他们去发挥潜力，是对他们最好的信任。

　　没有一个激励人心的目标，就没有激动的理由。目标是企业前进的指路明灯，没有目标的企业必然会迷失方向。同时，目标又是激励员工的利器，任何一个企业，只要拥有明确的目标，便拥有了梦想与希望，就拥有了动力和激情。目标激励着员工前进和进步，领导者给员工描绘的梦想，就是企业的短、中、长期规划，就是企业未来的前景，就是员工的美好前途。

　　《西游记》是一部讲述了唐僧师徒四人一路斩妖除魔，历经九九八十一难，最终成功取得真经的名著。《西游记》中有能力超群但桀骜的孙悟空，有好吃懒做、时刻想着散伙分家的猪八戒，有能力有限，但踏实、忠诚的沙和尚。这样一个鱼龙混杂的团队，最终却历经艰险，取得了团队的终极胜利——取得真经。他们这个团队就是因为内心有不可动摇的目标，才能走过万水千山，历经磨难而没有退缩。他们都愿意为了实现这个共同的目标去承担自己应该承担的职责。孙悟空有降妖除魔的能力，八戒有活跃团队氛围的作用，沙和尚有任劳任怨的品质，在一路向西的过程中共同合作，完成最终的任务。因此，一个高绩效的团队必须有明确的共同目标，团队成员的任何行动都要统一目标。

　　想让员工对目标有清晰的认识，需要和员工达成关键目标的共识。员工之所以不清晰工作任务，很多时候是因为企业没有明确具体的工作目标。要想使企业的目标达到激励员工的目的，就要使组织的关键目标和员工的岗位职责相连接。

　　关键目标的制定要尽量少而清晰。不但要做到领导者了解组织的关键目标，员工也要了解自己的职责和关键目标之间的关系，从而一起推动关键目标的实现。

企业要树立一个共同的目标，可以从以下几个方面来入手：

1. 充分沟通

共同的目标一定是针对整个团队的，所以要不断强调和充分沟通，让员工做到心中有数，如果领导者不向员工说明这个目标，往往就变成了领导者自己的目标而不是大家共同的目标。在完成目标的过程中，要记录完成情况，对完成的成绩做出分析，做得好的地方再接再厉，有欠缺的地方不断改进，这样才能给整个团队带来总结和反思。

2. 听取员工的意见和建议

员工在执行任务过程中得到的经验往往更具有参考价值，所以要多听取员工提出的意见和建议，一方面可以让员工参与进来，使他们觉得这是自己的目标，而不是为了别人而实现的；另一方面，可以增加员工对共同目标的认识，了解每个员工的特长，以及在目标达成过程中，其能力能否得到有力的发挥等。一个有效的工作目标，应该是建立在对每个人都有利的基础上的，这样才能激起全体员工的共同兴趣。团队成员一起讨论目标的建立、共同商量共同目标的过程，就是一个头脑风暴的过程，俗话说"三个臭皮匠顶个诸葛亮"，员工一起讨论能够辨识出目标建立得是否合理，提炼出一个最好的办法，使共同目标和个人的目标实现互惠双赢。

3. 确定主要目标和次要目标

企业发展的好坏取决于目标是否明确，只有对目标做出精心的选择，分清主要目标和次要目标，企业才能生存发展。一般主要目标就只有一个，比如有的企业主抓销售，有的主抓服务，有的主抓口碑，这就是主要目标。建立一个中心目标后，员工就会明确自己或者企业未来发展的方向，也明白自己该朝着什么样的目标去努力。

激发参与感，别让员工单纯"为了钱"工作

人们通常认为，金钱是提升员工动力、敬业度、工作满意度和绩效的有效工具。然而一些公司却发现，有时增加工资或提供丰厚的奖金还不足以解决这些问题，组织绩效仍无法得到有力提升。员工在收入增多的最初，的确会表现出收入激增的幸福感，但仍无法长期提升绩效。

任正非说过，"我们在工作和发展的过程中，目的就是挣更多的钱。"但他不希望华为员工过度看重金钱，或为了省钱刻意降低生活质量，或是在个人利益面前舍弃团队利益，迷失自己。华为在这一点上会培训员工，比起金钱物质，应当将重心放在职业规划、个人规划，制定更高远的目标上，并非一定要通过金钱来证明自己或是衡量别人，将专注度保持在工作上，努力实现自身的价值和理想。

海底捞的员工很难被挖走，不是因为海底捞给员工的工资是同行最高的，而是因为员工在海底捞能够看到自身上升的价值以及晋升的目标。

在海底捞，每一个表现突出的员工都有可能成为管理者，海底捞设置了清晰透明的晋升路径，一线人员晋升为领班，接着是大堂→后堂→值班经理，薪资会跟着晋升阶层逐级递增。这"四关"都设置了相应的培训：下店前培训，下店后培训，领班培训，大堂、后堂、值班经理培训等。

培训完会有考核，包括理论和实践两个部分，先进行理论考核，通

过理论考核之后进行实践考核。越往上，难度系数越高，对员工的要求越高。过了这"四关"，便进入了资深员工的后备店长队伍中。海底捞上市后，身价30亿元的海底捞CEO杨丽娟是一线员工晋升的典型代表，把服务员、配料、上菜、付款、收货等工作都干了一遍后，她每半年升一级，从领班到大堂经理，19岁成了简阳海底捞第一家店的店长。21岁那年，创立5年的海底捞首次走出四川简阳，在西安开了第一家分店，杨丽娟被张勇派去独立管理海底捞西安分店。海底捞的晋升渠道无疑激发了员工的工作热情，让员工相信可以"双手创造幸福"。

星巴克一直被称为用人典范，因而被誉为全球最佳雇主。在业界，星巴克并不是薪酬最高的企业，其30%的薪酬是由奖金、福利和股票期权构成的，中国的星巴克虽然没有股票期权这一部分，但其管理的精神仍然是关注员工的成长。中国星巴克有"自选式"的福利，让员工根据自身需求和家庭状况自由搭配薪酬结构，有旅游、交通、子女教育、进修、出国交流等福利和补贴，甚至还根据员工的不同状况给予补助，真正实现人性化管理，大大增强了员工与企业同呼吸共命运的信心。

员工在企业工作，确实是通过劳动获得相应的报酬，而提高工资在短时间内能够产生一定的激励作用，但随着工作压力的增大，员工的耐心还是会下降，对工作的专注度也会下降。因此很多企业会更追求团队精神、奉献精神、主人翁意识，而不是完全以金钱为目的碌碌无为。

想让员工不只"为了钱"工作，可以在管理模式上做出改变：

1. 将员工的兴趣与岗位充分匹配

人只有选择自己喜欢和擅长的工作才能干得舒心又出色，所以就要求管理模式不能再像之前那样领导只是监工和分派任务，而是要调查员工的专长与兴趣，给予相匹配的岗位，这样才能让这个员工的才能得到尽情发挥，并且因为符合自己的兴趣爱好，工作起来会更有成就感。尤其对于新生代员工而言，他们在意的不是多几百元工资，而是工作氛围好，公司提供的工作餐是用心的，工作内容是自己喜欢的。

2. 让工作变得"好玩儿"

工作不一定非要严肃又死板，也可以像玩耍一样有趣轻松，尽可能地选择不同个性的人组成团队，可以在工作紧张的状态下制造一些轻松的环节，比如玩玩团队小游戏，让员工有喝下午茶的时间，可以去办公楼下散步，组织团建活动等。

3. 不要有太多条条框框的规矩

很多互联网公司开始给员工打造宽松的办公环境，可以居家办公，也可以带孩子甚至宠物到公司，可以选择上班和休假的时间。公司减少无意义的制度，给员工宽松愉悦的工作环境，反而容易激发大家工作的乐趣。

4. 消除办公室的等级象征

可以给表现好的员工当领导的机会，使高管的福利与普通员工一样，这样就会让员工觉得大家都是平等的，只要表现好、业绩好就是领导，而不是"掌权者"不干活也能坐享成果。消除等级象征，意味着工作要靠协同，而非靠层级关系。

5. 事前赋能，事后激励

员工需要的不是命令而是赋能，如果在执行一项任务之前对员工进行充分的授权和信任，任务完成后对员工做出的结果进行奖励，那么就会促使员工有更大的干劲儿。比如，在工作结束之后进行利益分享，用事后的绩效奖励让员工和公司的长期利益倾向一致。

做到以上这些，员工就会感受到轻松、愉悦，并且有奔头儿，哪怕工资不是同行中最高的，也会乐在其中。

创造集体归属感和团队价值

老板们常常抱怨："人才不好招，招来了也不努力工作，忠诚度不高，频繁跳槽。"特别是交通和信息传播越来越发达的当下，员工的流动率似乎超出了以往任何时候。留不住人的背后是员工感受不到团队价值，无法找到团队的归属感。

员工有了归属感，就会产生高度的信任，把企业的事业当成自己的终生事业，表现出较强的奉献精神，这种信任和奉献不仅有利于提高企业的绩效，更会让所有阻碍企业发展的困难黯然失色。

归属感和团队价值就是一种"我属于这个团队、我愿意与这个团队一起奋斗"的感觉。

归属感是企业凝聚力的核心。那种被企业需要、尊重的感觉会不断激发员工的创新意识；当企业有经营困难时，有归属感的员工更能不离不弃、共渡难关。一旦员工对企业产生了"依恋心""归属感"，就会撂不下手中的工作，离不开合作的团队，舍不得未完的事业。员工如果对企业不信任，欠缺对团队的归属感，就不可能会以在团队中工作为傲，工作的热情和实力都不会被完全激发，只是为"工作"而工作，只会"做完"工作而不是"完成"工作；企业员工的流动性会相对增大，企业的稳定和长期发展就得不到保障。

希望员工拥有归属感和团队价值，需要进行非物质激励。非物质激励是指企业采取货币以外的方式激励员工，包括情感激励、成就激励、竞争激励、角色激励、目标激励。

1. 情感激励

投入最少，回报最高。因为人是感情动物，人的行为是靠情感支配的，所以要调动员工的积极性，情感投入尤为重要。对员工进行感情激励是零成本激励的重要内容。

2. 成就激励

成就激励的方式包括：给员工描绘未来愿景，激发其成就渴望，肯定团队贡献，助其学习深造，提供更上一层楼的机会，总结优秀品质，设置专属特别奖励等。成就激励不是源于员工成就需要已经满足了多少，而是源于人们对满足自己成就需要的期望。即每个人都期望因工作成果中凝结的个人贡献较多而得到更大的满足，每个人都期望因自己比别人取得更好的工作成就而获得更大的满足。正是这样一种期望，使员工总想取得更大的工作成就。这种期望越强烈，员工受到的激励就越大。

3. 竞争激励

在竞争环境下工作，不仅能够优胜劣汰，让优秀员工脱颖而出，施展才华，也能潜移默化地推动员工成长，激发"求胜欲"。竞争激励包括公平竞争和设立比赛对象等。竞争激励不是自上而下压过来的，而是竞争对手间相互的强化激励；它不是外部诱因的刺激，而是内心激奋的结果。采取竞争激励要注意控制竞争沿着正确方向发展，保证竞争在公平基础上进行，最后对竞争结果要做出判断。

4. 角色激励

角色激励即责任激励，就是让个人认识并担起应负的责任，激发其为所扮演的角色献身的精神，满足其成就感。如果一个人认识不到自己应负的责任，就会放松对自己的要求，角色激励也就失去了作用。因此领导者的责任就是要帮助员工认识并重视自己的责任。角色激励也是非常有效的激励法，比如，对于已经当上妈妈的员工来说，最能激励她们的就是成为孩子的榜样。也许只在一线工作，但是积极上进、工作认真负责的妈妈就是孩子们心中最美的妈妈，所以，可以在年会上邀请优秀员工的子女一起参加，共同见证妈妈们被表彰的荣耀时刻。再如，对于还没当上父母的员工，他们的父母就是员工最惦记的家人，同样，奖励给员工的奖状、证书，可以直接寄到员工老家，让他们的爸爸妈妈来签收，很多员工表示，当奖状、证书寄到家里以后，父母都很骄傲地放在家里最醒目的地方，来家里串门的左邻右舍都能看得到，邻居们的夸奖让父母特别开心。这样的激励都属于很好的角色激励。

5. 目标激励

目标激励就是通过确立工作目标来激励员工。正确而有吸引力的目标能够激发员工奋发向上、勇往直前的斗志。目标的制定，不可盲目地求高、求大，而应考虑其实现的可能性，要使员工通过努力能够实现。只有这样，才能使目标激励真正发挥作用，实现目标激励作用的最大化。管理者通过设置适当的目标，可以有效诱发、引导和激励员工的行为，调动员工的积极性。管理者要认真规划员工的职业生涯，帮助员工制定目标，每个阶段完成一个小目标，帮助其递进式成长。

以上都属于非物质激励的范畴，不少企业对员工进行非物质激励已经产生了很好的效果。

通过这些非物质激励能够让员工产生被尊重和被需要的感觉，这样就会在单纯雇佣关系的基础上增加了情感，如此才能让员工对组织产生归属感，并且认可团队价值。

全员形成"拥抱检查人"的认知体系

很多企业都有管理方面的难题，不会管理就意味着要花更多时间去理清事情的脉络。管理需要具备一项重要能力，那就是检查。

再好的工作计划、再细的工作安排，如果没有严格的工作检查，所谓的工作仍然是低效、没有结果的工作。"检查"这两个字看似简单，但真正能坚持做下来的人并不多。任何团队管理都离不开检查，只要坚持检查就会有好结果，而且百试不爽。

一个组织管理得不好，人员不积极，可能是因为缺少外部检查。执行力弱的团队成员因为惧怕"检查"，出现问题的时候极力降低对外的曝光率，总是把错误和不足掩盖起来，并且认为向"检查人员"汇报是小题大做，没有必要，害怕遭到更多的监管，对检查有一种"讳疾忌医"的心态，存在侥幸心理。

其实，检查就相当于老师批改学生的作业，只有进行详细的检查，才能发现学生哪方面存在不足，才能对症下药去整改和提升。如果不检查，不知道他们做到了什么程度，等于放任他们的行为，最终影响整个团队的效率和成绩。

举个最简单的例子，如果你是领导者，手下有几个销售团队，你知道他们每天的业绩吗？这就需要你有专门的检查人员去核实。检查后，你才知道他们的营销方法、营销成果，也才能知道哪个团队表现得更好，哪个团队存在不足，又该从哪些方面去优化和调整。

试想，如果你是领导者，你希望员工照着你提出的方案 ABC 的步骤去做，如果你不去检查的话，你说的 ABC 员工可能就理解成了 CBA，也许执行时就只做了 AB 而忘了 C。最后因为你不检查，三个月或半年过去了，员工的业绩不好，这时候才发现是因为他并没有按照你预定的流程进行，这不就既浪费了很长时间也没有成效吗？

当你在检查员工做事时，你能帮助他意识到问题出现在哪里，教授他解决问题的方法。不管工作内容有多少，你都可以检查。如果你连续一段时间都在检查，那么你就会看到不一样的结果，也能发现他们疏漏的关键点在哪里，便于改进难题。

如果团队成员都能够不惧怕"检查"，全员形成"拥抱检查人"的积极认知，就如同那些优秀的学生不害怕考试一个道理，不仅能展示自己的学习状态，也是对自己的能力充满自信，不惧怕任何检查。

一个积极向上的团队，往往会持开放的态度，主动接受外界检查和批评，能够与其他部门分享做得好的地方，也能够谦虚请教自己做得不好的地方，并主动提出需要外界的帮助。最终形成"敏而好学、不耻下问、虚心学习"的团队氛围。

管理是一门学问，检查是其中非常重要的一个环节，如果缺少了"检查"这个环节就很容易出错。想要知道问题的原因，应当从检查开始，这样才能找到漏洞，防患于未然，也能及早解决问题。

团队管理不能仅靠言语的表达，还应通过检查来获得完善的结果。认真检查工作的管理者，能更快地发现员工身上的问题，帮助他们意识到自己身上的问题，并带领团队解决问题。

全世界有很多百货商场，但沃尔玛能成长为大型国际商超；全球有很多做汉堡的企业，但麦当劳和肯德基能脱颖而出；都是卖水果的，但百果园可以有上千家门店。他们的经营秘诀就是及时发现问题，及时解决问题，不去积攒问题，带领一群平凡的人，做着不平凡的事，最后取得成功。

所以，带领一个团队，一定要记住：

（1）安排一个专人或小组负责检查各个节点，要么你自己来检查。

（2）选好在什么时间检查最合适。

（3）打造一个"拥抱检查人"的积极团队。

除了检查还要有奖惩，做好的就给"胡萝卜"，做不好就给"大棒"，把检查跟员工的绩效、奖金挂钩，团队成员就有了努力的方向与意义。

第5章

激发全员领导力的方法

领导力来自能提出关键问题

很多人都认为，能够成为一个优秀甚至伟大的领导者是因为什么都懂，或是因为足够幸运。其实不然，即使不在领导者位置上的人，如果他具备发现问题的眼光，并能提出关键问题，那他同样具备领导能力。

不是所有领导者一开始都知道怎样激励员工，怎样设定目标，怎样绘制蓝图，不少优秀的领导者也曾有无法排解的困惑，一路摸爬滚打，找不到方向和目标，也有不断犯错的经历，最后让他们成为优秀领导者的原因往往是，知道了"面临困惑与不确定时如何处理"，找到了决定问题是否能够解决的关键环节。他们懂得如何及何时问出关键问题，帮助他们为公司也为自己诊断问题，制订行动计划，然后将自己和公司拉回正轨。

那什么是关键问题呢？并不是向员工问一些诸如"你怎样才能把业绩提升 10%""你如何带领部门为实现年底目标冲刺"这样的尖锐问题，而是问一些小而具体、能够给组织和成员带来新的探索方向的问题。比如：

如何提供更多的价值给我们的客户？

如何使大众化的服务转变成为客户提供个性化的产品和服务？

怎样做才能赢得客户对我们的信任？

……

提出的这些问题也可以引发组织的讨论。为了充分利用这些问题，不要只在高层会议上提出这些问题。相反，在你的组织中，甚至在组织之外进行推广，这不仅是向员工提出问题，也是品牌在向消费者学习。

有一个非常知名的案例：

20世纪80年代，罗伯特·郭思达当上了可口可乐的CEO。这时候，可口可乐与百事可乐的竞争已达到了白热化的程度，可口可乐的一部分市场已被百事可乐蚕食。怎样才能"收复失地"，占领更大的市场？罗伯特·郭思达的下属管理者都把焦点集中在如何与百事可乐竞争上，千方百计与它争夺市场占有率。罗伯特·郭思达却从更深的层面来思考这个问题，他让下属弄清这些问题：

"美国人一天平均的液体食品消耗量为多少？"

答案是64盎司。

"那么，可口可乐在其中占多少？"

答案是2盎司。

一听到这样的答案，罗伯特·郭思达便宣布：我们的竞争对象不是百事可乐，我们需要做的是在饮料市场上提高占有率，要争取水、茶、咖啡、牛奶及果汁等的市场份额。

当大家想要喝一点饮料时，就应该去找可口可乐。可口可乐要将市场份额指标纳入世界液体饮料市场上来，为此，可口可乐采取了一些新的竞争战略，如在每个街头摆上贩卖机。

结果可口可乐的销售量节节上升，将百事可乐远远抛在了后面。

关键问题会激发人们发现新的机会，并在需要时提供帮助。这些行为导致了一种学习文化，这是至关重要的，因为能蓬勃发展的机构是鼓励每个人学习得更快，更迅速地扩展它们为利益相关者提供价值的机构。

陶行知先生曾经说过："创造始于问题，有了问题才会思考，有了思考，才有解决问题的方法，才有找到独立思路的可能。""管理学教父"德鲁克先生也认为，帮助企业解决问题没有秘诀，只需要问正确的问题。

了解关键问题，可以从提出关键问题的目的和流程入手。

提出问题的目的在于明确以下五个方面：

（1）精神理念：什么最重要？

（2）目标：要达成的目标是什么？

（3）谁最重要：多方发生冲突时保护谁？

（4）鼓励什么：什么事在产品中得到认可和激励？

（5）拒绝什么：什么事不能在产品中做？禁止什么？

提出关键问题的流程包括以下四个方面：

（1）定义问题：问题背后的目标是什么？

（2）拆解问题，问题背后的问题是什么。可以用连环追问法，多问为什么。

（3）导出方案。

（4）得出结论。

要解决问题，先要对问题进行正确界定。弄清了"问题到底是什么？"就等于找准了应该瞄准的"靶心"。否则，要么劳而无功，要么南辕北辙。

高效能领导者应当具备的最重要的能力就是发现关键问题的能力，因为这是解决问题的前提。

做员工的教练，与员工相互成就

国际教练联盟对教练有如下定义：教练作为一个长期伙伴，旨在帮助客户成为生活和事业上的赢家。教练帮助队员提升个人表现，提高生活质量。教练经过专业的训练来聆听和观察，并按客户个人需求而定制指导方式。教练是通过辅导学员成功，达成自己的成功。同样的道理，真正有境界的领导者也是员工的教练，与员工相互成就。

人们普遍认为，领导者与员工之间就是一种领导与被领导的关系。强势的领导者认为，这是一种指挥和执行的关系，领导指挥，员工执行。但也有不少平和的领导者觉得，领导者与员工之间是一种协商和落实的关系，相互协商，一起落实。

想要做员工的教练，就不能让员工看见你就想绕着走，要与员工打成一片。试想，如果一个球队，球员个个惧怕教练，还怎么和教练同进退呢？具体要怎么做呢？

1. 拉近和员工的距离

这个说起来容易做起来难，在职场，通过"我们之间有哪些共同点"这个问题，可以找出团队成员大量的共性，拉近和员工的距离，接着就能催生整个团队成员的集体感。如果遇到任务和困难，大家为了共同目标奋斗的斗志也随之高涨。规章制度再完备，也是冰冷的，而共同点才是有温度的。在死气沉沉的环境中机械运作和在和睦的氛围中努力，员工能够发挥的作用有天壤之别。

2. 把员工当顾客

领导者把员工当成"顾客"才能更加尊重对方，才能努力让对方满意。海底捞出台的所有政策都指向一点，就是把员工当顾客，先让员工满意，员工才能让顾客满意。

3. 对员工多鼓励而不是赞美

单纯地对下属说"你这个 PPT 做得真好"，这是赞美，如果换成"这个 PPT 做得不错，可帮了我大忙，这活儿干得漂亮"，这就是带着个人感情的鼓励和认可，后一句员工更受用。

通过以上三点建立起与员工的亲近关系后，还要持续培养良好的工作关系，有以下三个方法：

1. 建立和谐的工作方式

和谐的工作方式要求采用双方都能够接受的形式处理问题、交流看法、明确各自的职责。团队中，每一个人的角色都是不可替代的，各自更关心的是荣誉而不是权力，更关心的是责任而不是地位，各自更注重互补性而不是彼此的差异。

2. 不断提升彼此的能力达到对方的期盼

领导者自身的魅力能极大地影响员工，如果领导者与员工都能不断提升各自的能力，给对方形成一个好期望，等于把整个团队上升到了一个新高度。

3. 建立协作和配合的关系

领导者与员工不应该是管理与被管理的关系，而应该是一种协作与配合的关系，是相互依赖、互相促进的关系。领导者要爱护员工，员工不要隐瞒领导者。

领导者与员工要互相欣赏和信任。管理是一个讲究实效的工作，对于工作效果来说，领导者的支持和指引是非常重要的，而要获得领导者的支持，员工对领导者的尊重和维护就显得尤为重要。员工要能够真正理解和欣赏自己的领导者，领导者也要关爱和信任自己的员工。

要想成为教练型的领导者，平时一定要向更优秀的人学习，多提升自己的领导水平。要想成为称职的领导者，就要敢于领导，勇于对负责的组织的成功和失败负责，敢于担当。要想成为称职的领导者，要认真培养出类拔萃的员工，反思自己在培养员工领导力上的错误和不足。

打造学习型组织

这是一个瞬息万变的时代，也是一个不进则退的时代。无论个人还是组织，不学习就跟不上时代的进步与发展。

企业要持续发展，必须增强企业的整体能力，提高整体素质，也就是说，企业的生存和发展不能只靠领导者一夫当关，指挥全局。未来真正出色的企业将是能够设法使企业内部各个层面的员工全身心投入并有能力不断学习的企业，即学习型组织。

学习型组织是指组织中的每个人都充满了学习的热情和动力，并能在协作的过程中不断地互相启发，同时在创新和试错中不断地自我成长和进化。

衡量一个企业是不是学习型的组织，有以下参照标准：

（1）从领导到员工是否具备学习的热情。比如，不少企业领导者明明管理经验已经跟不上时代却不愿意学习和提升，用错误的经验带领着团队一条道走到黑。如果领导者不学习，员工看不到榜样，自然也不会学习。有不少优秀的企业，每年花在企业学习和培训的财力和精力，不亚于用在创业绩上的，他们认为学习也是提升业绩的一种有效途径。

组织中无论是决策层、管理层还是操作层，都需要学习。领导者要拥有前瞻的眼光和与时俱进的思维方式，才能带领全员更好地前行。领导者应该养成终身学习的习惯，这样才能形成企业良好的学习气氛，促使全体成员在工作中不断学习。领导者不但要重视个人学习和个人智力的开发，更要强调企业成员的合作学习和群体智力的开发。

（2）优秀的员工有没有把自己的经验提炼出来，给其他员工做参照，同时带动其他员工一起成长。外部找培训老师是学习的一种方法，内部员工之间的互相学习是更有效的方法。比如谷歌，企业培训的重心都放在被公司内部验证过有效的方法论上，然后让员工学习这种成功的方法论。企业要有一个基础理念——你的成长你做主，即每位员工是自己学习成长的主人，员工成长所需要的经验、知识从组织内部产生，学成后又回馈给组织，这种"来自员工、用于员工"方式，最终会形成正向循环。

（3）是否学以致用。再好的方法如果只是听听或试一次不成功就放弃的话，往往也起不到好的作用。不断尝试、刻意练习、不断重复同一个方法，观察每一次的效果，做微小得难以察觉的调整，逐渐改进，这就是学以致用。刻意练习有几个阶段：明确目标；找出学习的对象从中分析和学习；将自己的选择与成功进行对比获得反馈；针对自己的薄弱环节反复训练提高自己。

有不少成功的企业都非常重视整个组织的学习与提升。

比如华为大学，华为在发展初期，就已经认识到企业培训的重要性，2005 年就注册了华为大学，拥有 200 多名专职讲师，几千名兼职讲师，学校能同时容纳几千名员工进行培训。华为大学的理念就是用优秀的人培养更优秀的人，从实践中来，到实践中去，坚持结果导向，输出价值。

比如迪斯尼大学，为了培训员工于 19 世纪 60 年代创立，课程之一是 8 小时新人指导课，目的是让新人了解公司的历史、价值观和对顾客的服务标准。让员工学习、了解自己所要扮演的角色，并要求老带新配对训练，熟练掌握服务流程和标准后才能服务顾客。

比如麦当劳汉堡大学，在人才培育方面采取"人培育人"的方式，将公司一些员工培养成具有训练资格的合格人才后，再让其去培训新的员工。

所以，学习型的组织一定是整个团队在学习，只有领导者学习或只有员工学习都是不行的。这样的组织基础是拥有共同的愿景，最终强调的是"学习 + 激励"，以增强企业的学习力为核心，提高整个组织的群体智商，使员工找到生命的意义，达到企业财富速增、服务超值的目标，如图 5-1 所示。

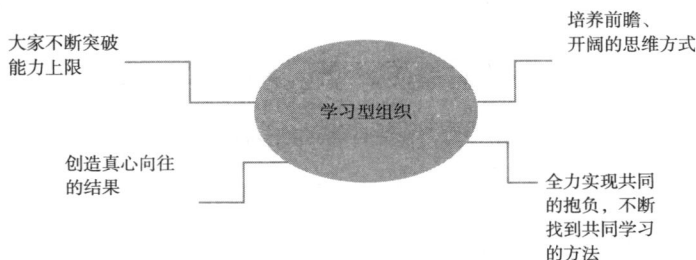

大家不断突破
能力上限

培养前瞻、
开阔的思维方式

学习型
组织

创造真心向往
的结果

全力实现共同
的抱负，不断
找到共同学习
的方法

图5-1　学习型组织模型

领导者敢于对每个人授权

领导者往往不可能什么事都亲力亲为，很多时候领导者扮演的角色是手拿指挥棒的人，尤其企业做大以后，领导者更会分身乏术，要想使业绩更出色，就必须放手，让员工独当一面，领导者是否懂得放手的艺术，从某种程度上讲是衡量领导能力的一把尺子。

作为领导者，如果把权力紧紧握在自己手里，员工只能听命照做，那么员工又会有什么作为呢？所以，领导者应该给予员工发挥的空间，让他们有机会证明自己的能力。组织越庞大，员工越渴望分享组织的权力。权力与责任是统一的，唯有放手让员工去干，才能唤起员工担当责任的使命感，激发其进取心，提高其对工作的热忱。尤其知识经济的时代，在"知识型"人才团队中，员工大多数都是本科以上学历，这类员工普遍素质高，追求工作自主、个人成长和价值认同感，注重自我价值的实现。

海底捞作为餐饮界的传奇，在管理上就十分注重放权和授权给员工。海底捞的创始人鼓励每位员工都积极参与到企业管理中来：海底捞的中高层管理人员都有一定的审批权或签字权，并且那些与顾客距离最近的一线员工也拥有一定的决策权。

比如，一线员工可以根据情况赠送一些菜给顾客，还具有免单权。如果当天对顾客是个特别的日子，比如说过生日，一线员工则可以自行决定给顾客开设雅间，或者赠送果盘，在菜的价格上也可以给予一定的折扣。

海底捞充分发挥以客户为中心的原则，一线员工甚至可以暂时离开自己的岗位，与顾客一起庆祝。这种管理方式使顾客对海底捞感到很亲切，顾客也越来越多。

海底捞对员工放权的方式，开始也受到不少人的质疑，认为员工可能会滥用职权，比如，给自己的亲戚朋友免单等。

但实际上，海底捞的企业文化在充分赋予员工权力的同时，也坚持了完善的监督和责任体系。一旦有员工违反规定，就会受到相应的处罚，因此员工能很好地利用其权力。

放权给员工的做法给海底捞带来巨大利益的同时，又大大增强了员工的自信心，激发了员工的主人翁意识。

虽然授权很重要，但并不是所有人都会授权。授权不当会造成严重的后果，作为一个领导者或者是一个老板，既不能推卸责任，又不能袖手旁观，更不能强人所难，通常情况下要注意以下几点：

1. 授权不是随便放权，要对被授权者充分考察

管理者在为员工授权之前，要进行多方面的考察，知人善任是授权的第一步。另外，要注意职位和能力匹配的问题，不要放手给能力达不到岗位要求的人，那样权是下放了，但员工并不能执行得好，会给管理者带来困扰，增加下一次授权的难度。

2. 授权要给能执行的人

授权不能不考虑对象而乱授权。把权力授予能够执行的人，他所起到的作用是带动和有效执行。不能为了兼顾公平，对任何人都授权。如此一来，权力被削弱，责任无法划分和界定。在授权时，要根据具体的工作来选择授权对象。在选到合适的对象之前，宁愿不授权，也不能乱授权。

3. 权责要对等

如果有了权还没有相应的责，权力容易被滥用。所以，让员工有权的同时必须有责，即明确告知授权对象应负哪些责任。权责还应对等，不能权力太大，责任太小，这样员工大权在握，可能会随心所欲，为所欲为；也不能权力太小，责任太大，这样员工权力不够，有些工作可能无法顺利开展。

4. 用人要充分信任

授权的前提是信任，领导者把工作交给员工后，就不要过多地干预，除非员工出现严重的错误需要及时处理，领导者应让员工感觉自己才是这项工作的主人。正所谓"用人不疑，疑人不用"。领导者对员工的信任会让员工产生做事的积极性和主动性，又能够勇于担责。比如，优秀领导者能够通过授权让自己从繁杂的工作中解放出来。将工作授权给员工之后从不干涉，也不要求员工经常汇报。

5. 有张有弛，授权不是完全不管

授权不等于给了员工权力就任由员工想怎么做就怎么做，那样会让员工找不到真正的方向，另外也会产生权力滥用的麻烦。另外，领导者在发现员工工作偏离预期后，应及时采取补救措施，避免使员工在错误的路上走得太远。

不间断地重复强调愿景

愿景能带给所有人凝聚力，使人拥有目标感。但光有愿景不行，在执行的过程中，还需要不断地重复强调愿景，把这个目标感和愿景深深根植于每个人的内心才可以形成统一的、持续的、高效的团体作战能力。

简单来说，愿景就是大家所向往的前景，是企业更高层次的追求，类似于理想，是潜藏于人们心中的一股具有感召力的力量。领导者必须清楚团队的愿景是什么，然后将愿景告知员工。这既能有效地点燃员工的工作热情，也能有效地提升执行力。

对于愿景，有些人很快能够明白，而有一些人过一会儿才会明白，还有一些人则要花很长时间才能明白，更有一些人无论多久都不明白。所以这就对领导者提出了新的要求，愿景不能轻描淡写，不能说一次就以为员工都领会了，而是要不断地重复和强调。

愿景不是一个简单的理念，愿景是一股力量，是人们内心的一种愿力，这股愿力发自内心，它的起始，的确可能受到理念的激发，但是一旦得到进一步发展，比如形成足够大的吸引力，征得两人以上支持，那它就不再是抽象的东西了。

当企业员工拥有共同愿景时，彼此之间就相互沟通了，并且被一种共同的热爱和抱负凝聚在一起。这时，它就成了明确可触摸的东西，大家开始看到它的存在了。

如何激发团队的共同愿景，成为摆在每个管理者面前的难题。所以，领导者要成为布道者，就要不停地向所有成员强调愿景。告诉大家"为什么我要做这个事情"，不停地讲，重复等于强调。

持续强调愿景不等于"喊口号""画大饼"，而是将愿景建立在战略、计划和预算的基础上。愿景是具有吸引力的未来蓝图，而实现愿景需要先有逻辑，然后通过设计的逻辑实施具体的步骤及时间，最后明确实现愿景需要的一系列财务预测与目标，如图5-2所示。

领导者必须在愿景和愿景实现的可信度之间建立明确的联系，使组织成员相信这个愿景是可行的，并且使组织中的每个成员都承担起应有的责任，组织目标才能实现。所以，愿景具有一些明显的特点：

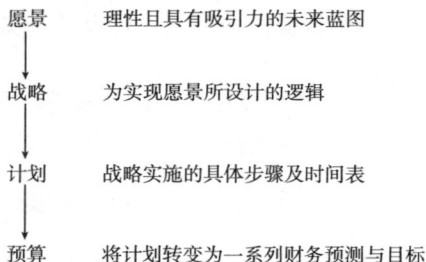

愿景　　　理性且具有吸引力的未来蓝图

↓

战略　　　为实现愿景所设计的逻辑

↓

计划　　　战略实施的具体步骤及时间表

↓

预算　　　将计划转变为一系列财务预测与目标

图5-2　实现愿景简略图

（1）愿景都是激励人心的，从而使人们有勇气走出舒适区。

（2）愿景是可以吸引客户、股东极大兴趣的。

（3）愿景顺应趋势，再美好的愿景如果不顺应时代发展，也会难以实现。

（4）愿景一定是谋求共赢，既符合道德又有益于全体员工。

日本松下电器创始人松下幸之助曾经讲到，中层经理一旦进入松下电器，就会被告知松下电器未来 20 年的企业愿景是什么：首先，告诉他们松下电器是一个有着伟大愿景的企业；其次，给他们以信心；最后，让他们能够根据整个企业未来的发展，制定出自己的职业生涯规划，从而使个人的职业生涯规划立足于企业的发展愿景之上。

愿景不是一成不变的，要根据企业的组织情况、市场情况，以及竞争对手等变化，随时对公司的愿景进行调整和改变。

让整个团队明确目标

一个团队的目标就是把整个团队拧成一股绳，让团队朝同一个目标去努力，而不是大家虽然坐在一起，但是有各自的目标，从来不是朝一个方向努力，那样由于力的分散，反而使效率比一个人做更低。

很多领导者发现，明明员工已经竭尽全力去工作了，但常常没有取得很好的成果，原因就是缺乏一个明确的目标。比如，做这件事到底是为了什么，如果做成这个事的目标对于你的价值不明确，你自己都没有动力去把这件事做成，更不用说激发和影响别人跟你一块把这件事做成了，所以让整个团队明确目标是一件非常重要的事。

《领导学：在实践中提升领导力》❶一书中写道："领导者促使追随者

----

❶ 理查德 L. 哈格斯，罗伯特·吉纳特，戈登 J. 柯菲 . 领导学：在实践中提升领导力 [M]. 8 版 . 朱舟，译 . 北京：机械工业出版社，2016.

为特定的目标采取行动，这些目标能体现出领导者和追随者的价值观和动机、需求和需要、抱负和预期，这就是领导。"没有目标和实现目标的策略，愿景就无法衡量，难以实现。很多领导者空怀远大目标，但对于怎样实现目标一无所知。希望不是办法，只有将过程展示给员工，他们才会意识到愿景真实可靠，从而增强对领导者和愿景的信心。

企业需要有一个清楚而明确的目标，必须能够使整个企业和企业中的每个员工都随时对照着目标得到有关工作和工作绩效的反馈。一个任务小组需要领导者，而且他可能是一个长期的领导者，也可能随着各个主要阶段的不同而改变。但是，在任务的某一阶段，必须明确地指定一个人负责小组的领导工作，他不是负责做决策和发布命令的领导，而是负责决定在团队的某一特别阶段和某一特定工作方面，哪些成员具有决策权威和指挥权威。

个人如果有一个清晰的目标，就会取得更大的成绩。同样的道理，假如团队拥有清晰的共同目标，领导者的工作会更顺利。随着企业人数的增加，拥有一个清晰明确的目标也变得愈加重要。如果一个人独自工作时没有目标，也可能做出一些成绩。但如果很多人共同工作时缺乏明确而一致的目标，可能一事无成。一个团队如果不知道想要做什么，必将陷入混乱中。

企业的领导者应当对长期目标进行分解：把长期目标分解成短期目标，把短期目标分解成任务，把任务分解成子任务……直至分解到员工能独立完成为止。所以，企业既要有鼓舞人心的长远目标，也要有本身具有价值的中期目标，还要有可立刻着手实现的短期目标。

董事会可以制定长远目标，中层管理人员可以制定中期目标，普通员工可以制定一些短期目标，以实现中期目标和长远目标。

什么是长远目标呢？长远目标是指以"年"为单位和界限的目标，也就是整个团队的总体目标，比如年实现盈利多少？长远目标可能是三五年之后或者几个月之后要实现的，达到这样的目标，离不开整个团队中细分出的小团队。中期目标则是每个小型部门或团队要实现的、与长远目标相一致的目标，领导者要不定期检查这些中期目标的完成情况，是否与长远目标相一致。短期目标则是每个人近期要完成的目标，个人在完成一个近期目标的时候，再设计一些中期目标，等达到了中期目标再一步一步地靠近最终的长远目标。

那么，明确目标有两个原则：

第一，它一定是能够激发自信的目标，让所有团队成员"跳一跳"能够完成的。也就是说，目标既要有挑战性又能够实现。

第二，要随时调整近期和中期目标，让它们能够与远期目标协调。

在实现目标的过程中有三个注意事项。

（1）目标和结果可以被量化。

（2）个人或团队的目标况必须在每一天、每一周、每一个月都有进展，即有持续性。团队成员必须时刻将目标和结果铭刻在心。

（3）目标要设置得较高，最好超过能力范围。目标如果百分之百能完成，等于没有挑战性，也没有推动性。一个目标的完成度为70%就说明这个目标是非常完美的目标，它让团队知道这个阶段团队的极限在哪里，团队还有多大的上升空间。

员工为了实现共同的目标去努力，也是一种最有效的沟通方式。大家即使不说话，只要看到目标就能知道提升情况、各自完成的情况、距理想的彼岸的距离以及需要怎样的合作和彼此的支持。

好的目标是在团队成员共同讨论下产生的，目标需要准确地描述企业需要改进或提升的地方，是可以衡量的未来理想状态。比如，一家公司设立的目标是成为目标客户的首选公司，这是一个具有竞争性的目标，表达了公司要成为某个细分市场的领头羊的愿景。设立了这个目标，就需要有具体可量化的3~4个关键完成结果做支撑，让团队成员看到清晰简单的目标。这个目标的底层假设是"我们要做行业老大"，如果公司成了行业老大，意味着在这个公司工作的员工会更有自豪感和荣誉感，员工的市场价值也会产生品牌背书的溢价，从而激发员工为之努力的内在主动性，可以说这是一个具有激励性的目标。

在团队制定目标的过程中会遇到一些问题，所以要提前规避：

1. 目标不清晰

目标一定是清晰可描述的，否则大家就无法找到统一的目标参照，力就不会使向一个方向。

2. 目标之间相互矛盾

目标一定是一致的，如果有部门想降低成本而不注意质量，有的部门却在意质量而忽略成本，这个时候目标就发生了矛盾。整个团体的目标一定是平衡的，在降低成本的同时要兼顾质量，整个团队必须就维持什么样的质量底线要达成一致，这才是一个坚固的团队目标。

3. 思考和行动不一致

目标确定以后不是一劳永逸，需要经过实践的检验，如果发现目标偏离了方向，要全体成员共同思考总结，从而找到修正的办法，要大家努力将思考和行动相结合,针对共同的工作方式来制订计划,付诸实践并且总结经验。

用流程帮助目标实现

执行就是把目标变成结果的行动,执行力就是把目标变成结果的能力。所以就像流行的那句话"不管是白猫还是黑猫,能抓老鼠就是好猫"。猫的目标就是抓老鼠,不管是白猫去抓还是黑猫去抓,也不管猫采取什么方式去抓老鼠,这就是只规定目标,而不是给予员工具体的指导方法的意义和价值。

想要目标成为实现的结果,那么就要有一套可供全员执行的流程。这个流程的作用就是让大家对各个环节更加清楚。团队成员应该相信每个人都为实现共同的目标而努力,而不是自己最大限度地发挥作用。

朝着目标前进时,有两大流程很重要。其一是"订立目标流程"。团队成员要设定振奋人心的目标。其二是"朝向目标流程"。成员通力合作,朝设定的目标一同前进。

订立目标流程一般分为:界定团队范围、制定团队任务、明确目标完成时间、订立关键成果、反馈和复盘、公布目标,如图5-3所示。

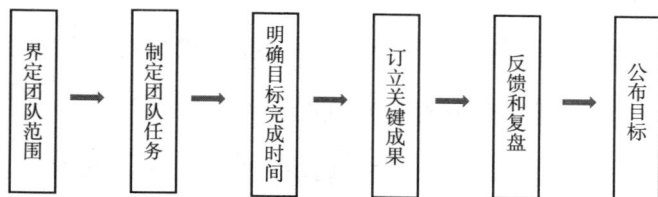

图5-3 目标实现流程

1. 界定团队范围

界定团队范围就是决定谁来执行目标，如果团队成员是专门执行目标的专选人员，那么很容易就能界定团队的范围。哪怕是刚成立的团队，也很容易界定范围。

举个简单的例子，比如，该目标的团队成员是销售团队，那么所有销售人员就是团队成员，因为大家都熟悉平时的业务，就算是执行新目标，也仅是在原来的工作上面有了新的任务和目标而已。如果是兼职人员来组成目标团队，就不像专任的成员那么容易组成团队，因为业务性质有差异。所以，界定团队范围的意义就在于，最初导入团队成员的时候，就要考虑到日后的任务属性，如果能运作顺利，就可以增加成员，最好是以业务交叉多的部门为中心扩大团队。

2. 制定团队任务

目标的实现离不开制定任务，制定任务时不要一言堂，不要领导自己说了算，那会让团队成员感觉不是共同的任务，而是交办任务，那样大家的力就不会往一块儿使。正确的做法是自下而上，让团队成员都领会任务意义。制定任务时，首先要让大家知道，团队存在会对外部有什么好的影响，也可以说如果团队丧失机能，对外部会有什么不好的影响。制定团队任务时，可以使用便条纸收集意见，然后以此为据书写下来，流程如下：

（1）在纸上写出"我们的客户"：一个人写几张纸都没关系。所谓的客户，是对于团队成果会感到开心、一定要满意的人。将每个人所写的"我们的客户"贴出来，如果有重复的就重叠贴在一起。

（2）选择"我们的客户"：如果选项有两个，那就投票来决定。如果选项超过三个，可以一人两票或三票，采用复数投票的方式。如果不要限定比较好（客户超过两个），那也不需要勉强只选一个。

（3）以选定的客户为对象，在纸上写出"客户希望我们做的事"：如果可以实际面对客户，直接询问对方是最好的方法。若碰不到面，可以依照过去的经验想象列出。将"客户对我们的期望"筛选为三个以内。

（4）以"实现客户的期望"为对象：在纸上写出"我们提供的服务"。将"我们提供的服务"筛选为三个以内。

3. 明确目标完成时间

明确目标完成时间有两个诉求，一是进行新的创意，比如，开发新的产品和开创新的业务，二是使目标更加完善。因为诉求不同，目标执行所需要的时间也不一样。同样的时间，创意型的任务是要实现从 0 到 1，维持现状和改善的任务则是要从 100 到 200。无论是创意型的任务还是改善型的任务，时间太长或太短都不太好衡量任务完成的情况，一般以三个月为最佳。

4. 订立关键成果

订立目标之后，要想达成目标离不开关键成果，也就是执行目标的过程中需要用数值来表现出来的成果。只要了解提升团队成果需要如何行动、会有什么影响，就能马上订出关键成果。但是，如果状况并非如此，建议进行内容分析。尤其是新事业，因为对于该领域的知识了解有限，所以团队成员要一边提出意见讨论，一边做出假说。

5. 反馈和复盘

对之前工作的复盘是一种非常好的方式，可以让团队成员更加清楚地了解团队当前状况，资源有哪些，包括已取得的成绩有哪些，与战略目标还有什么差距等。在这个过程中必然会产生很多疑问，作为管理者应当清楚地为大家解答这些问题，这样才能在团队认知一致的前提下提出下一阶段的工作方向。然后，在团队内部进行关于目标的"头脑风暴"，即让每个团队成员在了解了接下来工作方向的前提下，提出自己认为的团队的工作目标以及基于团队目标下自己的工作目标。接着进行目标讨论会，让每一位成员阐述自己的目标以及为什么要这样设定，让团队成员彼此互相了解对于团队发展的思考，这必然比领导者自己坐在办公室里去制定团队目标更加全面和容易为所有人接受。选出团队目标后，需要将目标提交给上级部门进行审批，向上反馈自己团队目标的同时也能得到上级的指导意见，使目标更加完善，能与公司目标相统一。

6. 用公示栏公布目标

通过会议或者公示栏的方式来正式地公布我们的目标，这个是必要的，每一个参与过目标"头脑风暴"的人必然都期待着一个正式的结果。如果目标与提交审批的一致，那么直接公布即可，但如果参考上级的意见进行了修改，那么还是进行公示更好一些，说明进行修改的原因，不要让团队成员失去目标制定的参与感。

这个过程就是比较常用的团队目标制定法，这种方式最大的好处在于，团队目标的产生是所有成员智慧的结晶，既能解决团队成员对于未来工作方向认知上的不统一，又能增加大家实现目标的动力。

实现目标的SMART原则

SMART 原则是在管理中经常用到的一种目标管理，或者说效率管理模型。SMART 代表了 5 个单词的首字母，是目标管理的五大原则，也称为目标管理的五个维度。意为目标必须是具体的、可衡量的、可达成的、与其他目标有相关性、有明确的截止期限，如图 5-4 所示。

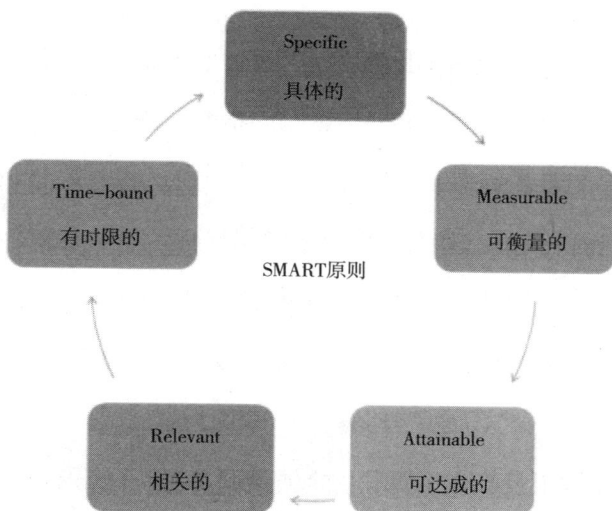

图5-4　SMART原则

SMART 原则很容易应用，举个简单的例子说明：

第一步：明确目标——完成业绩考核，整个团队要在月底之前完成 80 万元的业绩目标。

第二步：量化目标——个人业绩 20 万元 / 月，每一位团队成员完成 20 万元，10 号之前完成 5 万元，20 号之前完成 10 万元，30 号之前完成 20 万元。

第三步：可达目标——冲刺 30 万元 / 月。

第四步：关联目标——2 单 /3 单、5 个洽谈的准客户，每天进行目标分解后的跟踪，每个结点的业绩是否落实，每个结点的浅谈客户是否进行面谈，客户洽谈后，何时进行下一次洽谈。

第五步：时间节点——本月最后一天。

设立以上五步目标，还有六个核心要素，即"5W1H"，分别是：

What——目标是不是紧扣战略？有没有挑战性，方向是否明确且鼓舞人心？

Why——为什么设定这个目标，是否经过上下对齐目标的过程？

Who——执行主体是谁，执行者的信心指数高不高？

Where——目标执行场景是什么？

When——何时完成，为什么定这个时间节点，有什么意义？

How——如何实现目标？有哪些策略和措施？有什么具体的任务和行动方案？如何衡量关键结果？衡量的标准、要素、数据是什么？数据从哪里输出？

实现目标需要很多条件，除了以上原则外，还有以下三点需要注意：

1. 清晰的力量

能够一句话说清楚自己的目标，并且尽量把所要的结果图像化，能够帮助我们在实现目标的过程中区分一些事务对目标的影响，比如，哪些是重要的，哪些是不重要的。

2. 定期检视

定期检视自己要实现的目标与当前的进度计划，及时对实现目标过程中所做的事务复盘，找到做得好的地方和做得不好的地方。要认识到实现目标的过程不是线性接近目标的，是曲线波折的，在低谷时，也不要灰心，这有助于我们度过迷茫期。

3. 奖励

一定要在自己实现目标后设定一个奖励。

除了以上实现目标的闭环，还要持续跟进。可以选择每周进行跟进。

每周跟进的一个重要的作用就是可以感受团队士气，了解在完成任务时每个成员的状态及对完成目标的信心指数。如果有人状态不太好，信心指数下降，领导者就可以及时关心和干预，使团队氛围处于正向能量场中。

除了每周检视，还有每月回顾评估，回顾月目标完成情况，评估团队进度。包括团队与大团队进度的比较，是领先了还是掉队了？制定的策略性工作是否有效？团队与其他团队之间的协同情况如何？自己的团队是否支持到其他团队？我们请求其他团队支持时，是否得到了相应的支持，等等。

根据月度回顾的情况，领导者需要及时调整工作重点，抓住主要矛盾，促进团队的工作进度与大团队的工作进度步调一致。在检视阶段还有一个重头戏就是季度复盘。复盘不是简单地让大家做个工作总结和汇报，提出改进措施，而是团队对目标设定到结果输出之间的整个过程进行回溯重演，分析成功的经验和失败的教训，反思团队合作、团队成员表现、个人专业胜任力和领导力，从而为下一步目标的达成打下基础。

启发员工找到解决问题的方法

要想把员工培养成领导者，最好的方法就是不要总当"直升机领导"。说得简单些，好领导不能显得太能干，如果领导者把活儿都干了，员工不但学不会自己处理问题，还会越来越懒惰。领导者应该做的事是"造钟"而不是"报时"。举个简单例子来说明：如果被问到"现在几点了"，大多数人都会看看表再说出时间，这就叫"报时"。那什么叫"造钟"呢？如果有人问你几点了，你可以告诉他，要想知道几点了，有三个办法：

（1）去买一块手表或者买一个挂钟自己看。

（2）自制一个沙漏。

（3）根据天空中太阳的位置推测时间等。

启发问话人自己寻找解决问题的途径，提高解决问题的能力。这就是我们所说的"造钟"。所以，高明的领导者会启发员工找到解决问题的方法，而不是总动手提供帮助。

领导者带领员工就像家长养育孩子，如果溺爱而不放手，当孩子长大了却什么也不会做的时候，就不要责怪他们，因为是家长没有给他们锻炼的机会，什么事情都替他们包办了。衡量一个领导者有没有本事，不是看他自己能不能解决问题，而是看他能不能教会员工解决问题，让员工具备解决问题的能力。

在管理学中有一个著名的技术叫"猴子管理办法"。猴子被喻指为员工需要解决的问题。当员工有了问题时，领导者不要急着接招，更不能替员工决策，应该在工作中利用这些机会锻炼员工的独立思考能力和解决问题的能力，这样才能让员工快速成长。一般"管理猴子"的有效方法，就是用启发式的提问，激发员工独立思考，打破思维惯性，然后一步一步帮助其找到解决问题的办法。

举个例子：

部门领导："小王，对于今年的策划，你有什么好的方案？"

策划经理："经理，我前几天给了您一份简单的方案，方案不太合适，因此，我想请教一下您，希望您修改一下方案。"

领导："方案还是不错的，但是，我认为你们还可以拿出更加优秀的方案。对了，你们可以查询一下，我们竞争对手的案例，你们不是还学过头脑风暴方法嘛，你可以组织部门开个头脑风暴会议，群策群力，拿出一个更加优秀的方案。"

（第二天）

策划经理："经理，经过我们部门的商议，我们有 5 套方案可以执行，我现在给您讲讲我认为最好的一个方案……"

部门领导一直耐心地听，时不时地提出一两句启发性的提问。发现方案中有一些问题，于是说："如果出现……的问题，按照这个方案执行，会出现什么问题？有什么可以解决的方法？再研究讨论一下这个方案。"

（第三天）

策划经理又按照提示改进了方案，最终对自己部门的策划方案有了完美的解决思路。

所以，一般引导员工找到解决问题的方法时，可以问三个问题：现在是什么情况？总体策略是什么？问题的根本原因是什么？

问"现在什么情况"，能够摸清楚员工当下遇到了什么问题，问的时候要心平气和，不带任何责备和负面的情绪，让员工感受到被关心和爱护，员工才会把遇到的问题和盘托出。

问"总体策略是什么"，意在听听员工面对困难有没有自己的解决思路，如果完全说不出来，说明他没有思考。应该继续问："能不能把这个问题详细描述一遍，现在是什么样的状况？如果把这个问题解决了，你希望达到一个什么样的结果？"这样问，既能让员工明确这个问题与公司的目标是什么关系，也能知道员工是怎么想的，还能够掌握员工目前解决问题的能力处在哪个水平。

问"问题的根本原因是什么"，意在找到问题的根源，这高效解决问题的方法。可以进行启发式提问："如果你是我，你会怎么办？"员工可能会说自己不知道怎么办。这时候领导者得继续提问："那我们商量一下应该怎么办，你先发言。"在如此追问下，员工肯定会说出他心中模糊的想法。然后，领导者继续问："除了这个方法，还有什么其他方法？"接下来再问员工："假如你是我，你会用哪种方法？"如果他选了其中一个，领导者再问："如果你让用这种方法解决问题，你有多少信心？"如果员工没有打满分，那就得接着问："你觉得还差的分数，应该从哪些方面完善？"

启发员工寻找解决问题的方法的前提是，领导者要不断反思自己的管理方式。

企业往往不是靠一个人来发展和壮大的，何况作为领导者要有更多、更重要的事情处理，不能事无巨细亲力亲为，为公司远景谋划和发展的事情领导来解决，其他工作中的事情要让员工来处理。如果员工不具备解决问题的实力，那么就要帮助和启发员工找到解决问题的方法。

领导者看似穷追不舍地向员工提问，实际上是一步一步逼着员工去变聪明。在一问一答的过程中，员工就知道解决一个问题可以用多种方法。当以后面对同样的问题时，员工就会有多种解决方法，并能从中选择一种最好的方法，这时候，员工就变聪明了。

这样一步一步来，就是有办法的领导者通过启发员工，让他们找到解决问题的方法。一流领导者并不是那些遇到问题就帮员工扛下来，自己累得灰头土脸的人，而是那些遇到问题，层层剥离，找出问题本质，然后引导员工自己解决问题的人。要记住：没有一个员工会感谢只会帮他"擦屁股"的上司，请停止做员工的保姆，这才是对员工真正的负责。

第6章

提高员工效能，培养全员领导力

领导者以身作则，带员工一起冲

领导者不应只做企业领袖，更要处处为员工树立榜样，以身作则不仅能为企业带来巨大的经济效益，而且是企业培养敬业精神的有效手段。《论语·子路篇》中有言"其身正不令而行；其身不正虽令不从"，意思是当领导者自身端正做出表率时，不用下命令，员工也会跟着行动起来；如果领导者自身不端正，那么，纵然三令五申，员工也不会服从的。

在实际工作中，很多领导者为了达到管人的目的，总是费尽心机制定若干规章制度，要求员工去遵守，自己却游离于这些制度之外。如果领导者能够率先示范，以身作则地努力工作，严格遵守自己制定的各种规章制度，那么这种以身作则的精神就会感染员工，从而在团队里形成积极向上的态度、良好的工作氛围。

领导者的有效管理能力有一个公式：$E_M=C^3$。C 即 Competence（能力）、Confidence（信心）、Caring（关爱）这三者的乘积。

1. 靠能力以身作则

一个有能力的领导者会在员工心中树立很高的威信，因为员工都会佩服比自己更有本事的领导者，也就是说，领导者必须要有两把刷子，不能人在高位却没有能力。领导者不仅要比员工强，而且要强得不是一点点，要让员工对领导者的能力刮目相看。所以，领导者要想让员工追随，一定要培养自己的能力。有很多能力可以根据自己的特点刻意去锻炼提升，比如炉火纯青的复杂问题规划和组织能力、高效准确到位的表达能力、洞穿事物表象的归纳总结能力、独具慧眼的识人能力。某方面丰富的专业知识等都能让领导者成为员工心目中的榜样。

2. 成为令员工信任的领导者

一个有信心解决问题、有信心把员工带到更高级别和层次的领导者往往能够成为标杆式的人物。这样的领导者很自信，在需要有人承担责任的时候，也不会让员工去"顶雷"。

项羽"力拔山兮气盖世"，被称为西楚霸王，但最终败给了刘邦。后人评说刘邦是最会当领导、最具备管理智慧的人。项羽的手下都是精兵强将，刘邦所率领的"乌合战队"最终却不可思议地击败了项羽。是因为刘邦运气好吗？答案当然是否定的。既不是因为运气好，也不是因为他的团队里全是人才，而是因为刘邦会用人，把平凡普通的人变成了可造之才。刘邦不仅会用人，而且给员工的感觉是值得信任和追随的。刘邦在青年时期，就曾游历天下，拜师学技。学的不仅是知识，更多的是认知，是智慧。普通人追随刘邦，能学会正确认知自我，激发出天性中最强的一面，顿成将相之才。跟着有智慧的领导者，员工都变成了精兵强将。

3. 关爱，赢得人心

所有员工都希望领导者在乎、关心自己的成长和发展，都希望得到领导者的关爱。一个真心关爱员工的领导者不仅关心员工工作中是否有压力，还会主动关心员工的家庭和生活，尤其对于工作中出现负面状态的员工，会了解其是否生活中遇到了困难，让员工真正感受到被关爱。

很多时候，一个公司里总会有几个员工的家里发生一些事情，这是难以避免的。家中的烦心事往往会束缚员工，让他们无法全身心地投入工作中，这个时候领导不关心甚至是埋怨员工，是不近人情的，更别谈调动员工的积极性了。俗话说，"家家有本难念的经"。作为领导者，应该设身处地地从员工的角度思考问题，深入其中体味难处，才能和员工打成一片，赢得人心。领导者要理解每一位员工的难处，帮助他们处理问题，念好家庭这本"经"。

美国国际农机商用公司的老板西洛斯·梅考克是一个坚持原则，并时刻关照员工的人。他做事向来一丝不苟，并且赏罚分明。如果公司里有人违反了制度，造成了不可弥补的损失，他一定会毫不犹豫地予以处罚。但是在处罚前，西洛斯·梅考克总是会先去考察一番，看这个错误的直接原因到底是什么。西洛斯·梅考克并不轻易处罚员工，他深知员工的疾苦，时常设身处地为员工着想。

有一次，一名老员工上班迟到了，而且醉醺醺的。梅考克得知后，十分重视这个事情，立即协同有关部门商议讨论，决定严肃处理，最终开除了这名不守公司制度的老员工。万事皆有因，这位老员工的妻子刚刚过世，留下两个尚未成年的孩子，其中一个孩子不慎摔断了腿，另一个孩子因没有母亲照顾，每天哭闹。这位员工一时陷入痛苦，无法自拔，只能借酒浇愁，所以才醉酒迟到。

得知实际情况后，梅考克及时采取了补救措施。他当即掏出一大笔钱为这名员工解决生活困难，并且马上废除了原来的开除命令，将他升职为公司的主管。然而，梅考克的补救措施不仅限于此，他还当众向老员工道歉，为自己的行为表示深深的歉意，希望得到谅解。梅考克的做法既保障了老员工的生活，也赢得了公司其他员工的心，更在员工中间树立了良好的领导形象，增强了团队的凝聚力，赢得了大家的称赞。

当一个领导者具备了能力、信心，并给予员工更多的关爱以后，也就具备了一个优秀领导者的人格魅力，再按照计划激励员工，实现组织的目标愿景。

唯才所宜，预防优秀人才流失

一个企业中有普通员工，也有优秀员工，还有核心员工。那些被称为核心员工的人往往是企业中的关键人才，留住这些关键人才是非常重要的用人之道。

"知人善任，唯才所宜"就是把关键人才放在合适的位置，这样才能让这些骨干创造更大的效益。

就像德鲁克倡导的"二八定律"，关键人才就是指那些创造了80%价值的20%的人，真正创造企业效率的核心也就是这20%的人。微软首席技术总监内森·梅耶·沃德曾说："顶级软件开发人员比一般软件开发人员的生产力不是高出10倍或100倍，而是高出1000倍甚至10000倍。"普通员工和关键人才的绩效差距，在人才选择的时候就已经决定了。这些关键人才贡献了远超于岗位平均水平的绩效，"二八定律"揭示了企业20%的优秀员工贡献了80%的利润这一现象。

俗话说"铁打的营盘，流水的兵"，企业要想变得铁盘一样牢固，就不能让关键人才处于流失的状态。只有让这些关键人才稳定地为企业做事，企业才能稳定。比尔·盖茨说过："如果把我最优秀的 20 名员工拿走，那么，微软将会成为一个毫不起眼的公司。"无论是像微软这样的知名大企业还是普通企业，关键人才就是企业的中坚力量，对企业具有无比重要的作用。所以，留住组织中的关键人才也是选对人的重要基础。企业常遇到的问题就是，有些本来挺重要的员工莫名其妙辞职了，领导者却不知道是什么原因，平时也没怎么在意，直到人才被别的公司请去，才悔之晚矣。

亚马逊创始人贝佐斯认为，管理的第一步就是招对人。在辞职前，他专程从纽约来到千里之外的硅谷，唯一的目的就是找人，尤其是找顶级的技术人才。贝佐斯反复强调，在亚马逊，最重要的决策就是招人。他宁可错过一个完美的人，也不错招一个不对的人。贝佐斯有句名言："你的人就是你的企业。用什么样的人，企业就会变成什么样。"

对于企业和管理者来说，招到"正确的人"就是要和志趣相投的人建立链接。一个人无法成就价值，所有那些优秀的企业做的最重要的事就是连接志趣相投的人，换句话说就是找到了对的人。在找人方面，有些成功的企业领导者的做法值得我们借鉴。比如，马云在美国了解了互联网以后，他回到国内做的第一件事情，不是去研究电脑和互联网技术，也不是去研究营销，而是去找很多人，然后给他们讲互联网的未来价值和远景。小米创始人雷军也说，创始人做的最重要的事，就是要花足够多的时间去找人。小米在创立初期没有像现在这么大的规模，甚至连产品都没有，在这种情况下要组建极强的团队，获得对方信任是很困难的事。所以在最开始创业的半年里，雷军每天花 70%~80% 的时间去找人。当时，他每天都跑出去见很多人，然后向他们介绍自己是什么人、想干什么事，虽然拒绝率非常高，但为了找到和自己志趣相投的人，雷军非常坚持。为了招到一个非常出色的硬件工程师，他曾经连续打了 90 多个电话，还让合伙人轮流跟这个工程师交流了整整 12 小时；为了招到一个合格的硬件负责人，雷军会见了超过 100 名做硬件的人。

我们看一下通用电气公司是如何留住关键人才的：

通用电气公司先发掘机构内最有才能的人，然后投入大量资金进行培训和指导。每年春天，在一个神秘地称为"C 会议"中，杰克·韦尔奇和高级人力资源负责人比尔·科纳蒂大约花 160 小时仔细审阅公司内部管理人员的简历，看看有无未来领导通用电气公司的管理人才，这些简历列出他们的成就、强项和期望的职位。这些管理人才与上司讨论那些期望，看是否现实。然后部门领导向韦尔奇和科纳蒂推荐精挑细选的几名员工，由他们决定哪些人参加公司举办的管理培训计划。他们只挑选 360 名专业人员，分为 6 个班，每班 60 人，学习"成功需要什么"，教他们的人并不是来自商学院的老师，而是学员们所追求的重要职位的现任管理人员。

为有希望成为一般经理的人举办的培训，一年四次。学生分组解决公司一些棘手的经营问题，然后向公司经理委员会汇报。还有一个课程是为有希望成为高级经理的雇员举办的，一年一次，他们研讨公司面对的重大问题，然后在每年 10 月公司高层会议上汇报。

通用电气公司认为，给予高级管理人员在公司内发展的机会才能留住这些人才。许多高级经理人员就这样留在了通用电气公司，韦尔奇再从中不断发现强干的接班人，通用电气公司仅8%的人才流失率就是一个证明。

从通用电气的留人策略和方法中不难看出，在留住人才方面，企业需要建立一个人才池，形成良性循环的培养通道。

人才梯队是指企业整体人力资本规划、人才管理及继任计划等，被视为企业能够永续经营的重要驱动因素之一。一个企业的人才库架构，应该分为三个层次：高层、中层、基层，即人才梯队。根据实际需要，还需要专门构建专业技术型人才库和储备人才库。人才库是动态的库，既要建立提升人才的通道，提拔关键人才，也要建立淘汰机制，要及时淘汰不合适的人，同时要找到企业人才流失的原因。

企业的关键人才流失有以下四个原因：

1. 薪酬福利体系不合理

薪酬是吸引员工并留住员工的一件法宝，如果企业内部员工干多干少一个样，干好干坏一个样，干与不干一个样，赏罚不分明，分配不合理，就会使关键员工感到企业支付的薪酬不能很好地体现其个人价值，或者不能正确评估其对企业的贡献，这时，他们必然会选择离开。

2. 组织没有好的激励机制

随着经济发展，企业对人才的需求也在不断增加，如果企业把人当成机器一样使用，而不去制定符合员工身心的激励机制，长此以往，定会导致员工身心疲惫，选择离开。

3. 自我价值无法实现，在企业中不受重用

越是在企业中处于核心地位的关键人才，越是对"尊重、自由、信任"有更高的要求，如果领导不授权、不放权，对核心人才不信任，那么这些核心人才感觉不到自己被重用，就会让他们感到"英雄无用武之地"，时间一长，人才流失会成为必然。

4. 缺乏个人成就感

任何员工都希望得到上级的赏识。所有人都喜欢被认可和尊重的感觉。马斯洛的需求等级论也再次证明：人类最深层次的需要就是被尊重和自我实现。企业无法满足人才的个人成就感，也成为人才流失的一大原因。

企业如果留不住关键人才，往往在某个地方出了问题，只有自查和纠偏才能预防关键人才流失。留住关键人才，不在于如何"留"，而在于如何激发他们的斗志，留住了他们的热情也就留住了人。

工作氛围融洽，才有活力和高效

企业中，领导者给员工提供快乐的工作环境，员工就能带来高效的工作回报，所以，融洽的工作氛围也是激发员工效能的关键因素之一。

调查结果表明，企业内部生产效率最高的群体，不是薪金丰厚的员工，而是工作心情舒畅的员工。愉快的工作环境会使人心情愉悦，因而会工作得特别积极。不愉快的工作环境只会使人内心抵触，从而严重影响工作绩效。

工作氛围是企业文化的内在表现，营造融洽的工作氛围，让员工有存在感、安全感和被尊重感，能够让员工热爱企业，发挥主观能动性，激发工作热情。反之，过于计较、缺乏信任、各自为战、极少协作的工作氛围是不大可能做出成绩的，更不能向员工注入有效正能量。

工作氛围包括人际关系、领导方式、作用和心理相融程度等，是团体内的小环境、软环境。工作氛围的营造是内部环境建设中最能体现关心人、尊重人、影响人的一项管理工作。良好的环境氛围能使人际关系更加融洽，提高群体内的心理相融程度，从而产生巨大的心理效应，激发员工积极工作的动力，提高工作效率。

有人问稻盛和夫为何能将企业管理得如此之好，稻盛和夫说："我到现在所做的经营，是以心为本的经营。换句话说，我的经营就是围绕着怎样在企业内建立一种牢固的、相互信任的人与人之间的关系这么一个中心点进行的。"这种关系的形成会让工作氛围特别融洽、放松，让员工具有安全感，不再需要每天去应对复杂的工作环境和严肃死板的工作氛围带来的压力，能把更多的心思用在工作上，带来更多的创造力和更高的效率。

松下幸之助也曾说过："事业的成功，首先在人和。"在管理实践中，他十分重视"人和"，以此来调适和化解内部矛盾，使企业员工在共同价值观和共同的企业目标基础上，形成相依相存、和谐融合的氛围，产生对企业的巨大向心力和认同感。

在谷歌的企业理念中，工作既是生活的一部分，也是乐享生活的源头。谷歌的企业创造力便来自轻松自由的文化氛围：上班时可以携带宠物；工作累了，就有按摩椅；想活动一下，走两步就有健身器材了……这些在谷歌的办公大楼里都可以实现。

亨氏公司作为一家有世界级影响的超级食品公司，取得的成就也与注重公司内营造良好工作氛围密切相关。亨氏没有采用等级森严的管理方法，而是采用更加快乐的工作环境来促进员工的工作热情。领导者亨利经常到员工中间去，与他们聊天，了解他们对工作的想法，了解他们的生活困难，并不时地鼓励他们。亨利到哪个地方，哪个地方就充满欢声笑语，其乐融融。虽然他身材矮小，但员工们都很喜欢他，工作起来也特别卖力。有一次，他出外旅行，还给员工带回一只短吻鳄养在公司的鱼缸里，希望让员工感受到同样的快乐。正是亨利这种与员工苦乐共享的态度，使亨氏公司的员工获得了融洽快乐的工作环境，而正是这个环境成就了亨氏公司。亨利的继任者继承了他的这种态度，从而获得了公司的辉煌。

令人愉悦的工作氛围是高效率工作的重要因素，快乐而尊重人的氛围对提高员工的积极性有着不可忽视的作用。在毫无生气、氛围压抑的工作环境中，员工又怎么可能积极地投入工作呢？

一个良好的团队氛围离不开苦心建设，如何才能创造一个良好的、令人愉快的工作氛围呢？

首先，部门之间分工明确，只有明确的分工才能达成良好的合作。各部门应该是互相帮助，而不是互相推诿，这样能营造良好的工作氛围。

其次，打造强大的企业文化，文化是凝聚人心的力量，企业要营造一种相互帮助、相互理解、相互激励、互相关心的企业文化，形成一种共同的价值观，这样才能产生高效率。

再次，允许每个员工有表达权，企业中人人都是平等的，遇到或讨论问题的时候可以畅所欲言，这样就会形成平等、真诚与对事不对人的工作氛围。

最后，重视部门的团队建设，员工在工作中各自处理手头的事，没有时间彼此了解，如果经常团建，就会让员工的心情更放松。带着好心情去看待工作，往往会有积极的作用。

领导力需要具备"大局观"

想要修炼领导力，需要具备大局观，要有全局思维。那么，究竟什么是大局观？大局观指的是从全局观察、思考、分析和解决问题。通常来说，拥有大局观的领导者擅长从公司整体和长远的角度思考、决策和开展工作，保证企业健康、持续地发展。

缺乏大局观的领导者在处理事情时，常常会犯"只见树木，不见森林"，或"头痛医头，脚痛医脚"，或"只看眼前，不看长远"的错误。

真正的大局观，通俗地说就是凡事进行长远考虑，用得与失的辩证关系看待问题。

培养大局观，就是要跳到比你目前的级别高一级的层面去思考问题。对一件事情做决策的时候，需要注意以下几个方面：

首先，全面思考问题。对任何一件事情不能凭片面和局部的经验轻易下结论，作为管理者，要学会全面地看问题，从不同维度分析问题。在做决策的时候需要考虑这个决策将产生什么影响，顾客会怎么想，投资者会怎么看，员工有哪些感受……要从各种利害关系者的立场分析问题。

其次，用长远的视角看待问题。一个重要的决策虽为解决当下的困难，但更要着眼于全局和长远，要考虑这个决策将会给三年后、五年后、十年后的公司产生怎样的影响，如果长远利益的价值更多，可以放弃短期利益。比如，小米成立之初以"性价比"的理念入市，后来小米却打造出一条完整的生态链，不但有手机，还有各种各样的智能电器。这种长远的视角需要领导者具备洞察力，能够看清行业发展趋势。

最后，领导在做决策的时候要抓住问题的根本，忽略一些不重要的环节。解决问题要看问题的本质，不能只看表象，这样解决方案才能比别人高一个层次。有些表面看似是产品的问题本质上或许是服务的问题，表面看似是营销的问题本质上或许是薪资的问题。只有找到问题的真实原因，才能从根本上解决问题。

大局观虽然听起来有点大而虚，不像能够直接获得的能力，也不知道如何才能拥有和培养这种大局意识。事实上，大局观可以通过后天习得，也可以通过反复训练来提升。

那么，如何在管理中提升大局观呢？可以从以下三个方面进行锻炼：

1. 站得高才能站得远

想要扩大视野，就不要把心思单纯用在一个部门，一个团队，而是要站在全公司的角度，以宏观的战略性眼光去看待整体的运作，并从全局来发现问题，而不是纠结于那些部门的问题。

2. 广开言路采纳别人的意见

管理者要集中众人的智慧，听取各种意见。因为每个人的阅历不同，对问题的观察角度不同，因此会带来不同的思维碰撞，最后能够得到一个多方面解决问题的办法。所以允许整个团队的成员跨部门、跨圈子去沟通和取经。

3. 不断学习

具备大局观的人往往都是持续学习的人，学习得越多，思维越开阔，看问题的角度才能越新颖和全面。所以，想要成为有大局意识的人，就要善于学习和思考，多总结和归纳，并且要多观察、多倾听、多询问。

给整个团队带来"能量感"

职场上有两种人：一种人和他在一起，总感觉使不上劲儿，充满沮丧，没有斗志，人们觉得充满负能量；另一种人则完全相反，跟他在一起会感觉信心十足，如沐春风，也就是人们常说的充满正能量，能够鼓舞士气，提升整个团队的干劲，拥有非常大的能量感。

正能量是指一切予人向上、希望、促使人不断追求、让生活变得丰富多彩的动力和感情。正能量是使团队达到高水平的重要因素。一个正能量团队，在工作中拥有毫不动摇的决心。

激发团队能量，重在"团队"二字。团队是由一群为数不多的、具有相互补充技能的人组成的一个群体，他们相互承诺，具有明确的团队目标且共同承担团队责任。想要打造团队能量感，最为有效的是大家朝同一个梦想去努力，这样就会实现企业梦想大于个人梦想。让一群有价值的人聚在一起，共同铸就属于每一个人的梦想。

心往一处想，劲儿才能往一处使。在团队合作下，没有完成不了的任务，没有实现不了的成就，也没有遥不可及的梦想。团队精神可以令梦想变成现实。

我们看一个激发团队能量的案例：

岳飞作为民族英雄，带领的岳家军威震天下，英勇善战。岳家军被称为一支有能量、战斗力非常强的军队。岳家军之所以这么有战斗力，离不开岳飞这个"领导"的带兵能力。岳飞爱兵如子，仗义疏财，经常把皇上赏赐给自己的金银财宝分给士兵养家糊口。而且岳飞特别关爱自己的大将，不仅关怀大将在部队里的作战生活，还会关怀大将的家眷，让他们免去后顾之忧，心无牵挂上战场。岳飞从自身做起，不克扣将士的粮饷，再加上赏罚分明，将士们生活有保障，活得有尊严，吃得好，用的工具好，上了战场能征善战不在话下。这就是岳飞善于激发团队能量的结果。

另外，岳飞身为大将军，每战也必身先士卒。岳飞在用自己的战斗力和强大的自我修养给士兵率先垂范。俗话说，将有必死之心，士无贪生之念。作为指挥官，打仗的时候最应该喊的应是"跟我上"，而不是"给我冲"。有了这样的模范领导，岳家军在战场上好比出笼的猛虎，人人奋勇向前，无往而不胜。

打造一个有能量感的团队，有以下几个参考：

1. 领导者首先是一个具有能量的人

领导者要有格局、有胸怀，不要天天想着如何高高在上指挥别人，让别人"服从"，而是让别人愿意追随，愿意把领导的事当成自己的事，把公司的事当成自己的事。领导者要时刻想着去成就员工，而不是"压榨"

员工，很多领导者无法成就员工，认为是行业不行、经济不行等原因，其实根本原因就在于，领导者从最初创业的时候就是让员工为自己干，所以领导者无法真心实意地去成就员工。领导者要从企业中解放出来，从最开始让员工为自己干，转变为自己为员工干。

2. 环境轻松

有能量的团队一定不会每天为了应对领导者的情绪而惴惴不安，那样，员工所有心思都会用在如何讨好领导者上，而不会有更多的精力用来提升战斗力。员工干活时心情舒畅，才能拥有能量，没有人愿意为了挣钱而选择天天不愉快。领导者扮演的是导体，员工也不是绝缘体，一旦发生情绪引发的"电击"事情，整个企业就如同连在一起的电路，会短路、烧焦，这样势必会导致企业运行中断，导致很多员工受到影响而无心工作。如果领导者的情绪不稳定，那么员工有了想法不敢或不愿意去和领导者汇报或沟通，这样领导者就无法得到员工真实的意见和想法。长此以往就会影响公司的正常运行。所以，领导者要保持良好的情绪，带动大家一起创造宽松愉快的工作环境。

3. 企业文化是一种看不见的能量

企业文化是凝聚人心的最强大武器，领导者要给员工讲一个一致性的故事，使员工随时保持与公司使命的一致性，并且这些故事会有极高的传播性。比如，华为的企业文化是打造"狼性文化"，给奋斗者带来最大的回报；阿里巴巴的企业文化是团队合作，共享共担，平凡人做非凡事。无论企业如何定位，都要通过各种形式的战略和故事讲述，使员工与公司的战略保持同一方向。

践行"以人为本"的管理目标

经营和管理，就是如何指挥由人组成的集团。所以，不观察人的心理活动，经营就无从谈起，忽视人心就无法管理。一个团队要想取得成功，最关键的因素就是要"以人为本"。因为团队的发展离不开每个团队成员的发展，以人为本的团队管理，能让每个人都把长处发挥到极致，团队充满正能量。

"以人为本"是指分析和解决与人相关的一切问题，其核心内容就是尊重人，尊重人的特性和人的本质，把人作为手段与目的的统一。以人为本，并不是以员工为根本，牺牲企业利益，更不是以牺牲员工的利益换取企业的利益，而是通过企业的资源优化，最大限度地保障员工利益，让他们没有后顾之忧，通过这样的方式来激励员工发挥最大的能动性，促使企业健康持续地发展，这才是真正的以人为本所要诠释的内涵。

因为人是活的，是具备创造力的，真正的管理就是对人的管理，团队的发展归根结底也是人的发展。以人为本，就是要把每个人的长处发挥到极致，尽量完善团队成员的弱项，帮助他们提升素质，使"人尽其才，人尽其用"。当把人用好之后，团队就自然而然会好起来。当能以人为本地管理团队之时，团队的基础管理、项目运作、日常经营便能有效地运行和实施。否则，即使领导者有很好的想法，在团队执行的时候也会出现问题。

有些领导者在管理中过于倚重责备、惩罚、开除等手段，这样员工只会把工作当成谋生的手段，不会做出精彩的工作，更不会把企业当成永久的归宿。不要让员工因为害怕而努力工作，这样只会造成员工对工作失去积极性。如果尊重员工，员工会骄傲地工作，并且做得很好。

以人为本的管理，就是在整个企业管理过程中充分注意人性要素，以充分挖掘人的潜能为己任的管理模式。其中包含很多要素，如对人的尊重，充分的物质激励和精神激励，给人提供各种成长与发展机会，注重企业与个人的双赢战略，制定员工的职业规划等。只有真正俘获了员工心灵的企业，才能在竞争中无往而不胜。管理中的人文关怀体现的是权利平等、民主管理，从内心深处来激发员工的工作热情和敬业精神，从而将企业的可持续发展与员工个人的需要、满足及幸福实现最佳结合。

某芯片公司，成立才一年多，就以领先的技术成为行业的翘楚。创始人是斯坦福大学毕业的博士，从硅谷回到国内，带领年轻的高科技人才创业打拼，为了给高技术人才创造更好的工作条件，人力资源部为这些高科技人才从个人到子女，从工作到生活给予了全方位的服务。包括设计公司的未来人才发展规划，建立人才库，即使还没有入职公司的人才，也会保持联络；安排人才公寓，帮助员工子女找学校，到楼下迎接面试的员工等。虽然现在条件有限，公司并没有食堂，但是给员工自助选餐的菜单，尽量让天南地北的员工吃到可口的饭菜；对于各部门提出的招聘需求，当天即启动，对于后勤的需求，3天内给予解决方案。IT中心更是做到了主动服务，技术工程师不再只是救火队员，而是主动询问每位同事的电脑使用状况并升级；在不增加公司成本的情况下，重新进行资源分配，对于同事的需求，30分钟内给予响应，半个工作日内解决。

正是这样"以人为本"的管理模式，使这些优质员工工作的积极性非常高，公司的业绩不用硬性考核也蒸蒸日上。

所以，以人为本的管理，需要从多方面考虑，把握员工的需求，才能设计出更好的员工体验。

1. 尊重和认可员工的个人能力

每个人都渴望被认可和尊重，核心员工，本身具备很强的业务能力和很高的技术水平，领导者要抱着学习的心态与他们沟通，虚心请教。这样一来，他们感受到了自己的重要性，自然会产生对企业的归属感和责任感，从而会配合上级领导更好地工作。

2. 不要用一套死板的规则或制度来限制员工的创造力

管理上要让员工有自主权，允许员工多发表自己的观点和看法，他们才会提出更多有创意的点子。往往这种自由轻松的管理模式，更能够激发人才的激情，员工会认为公司有发展前途，有自己施展能力的机会。下达任务的时候，领导者可以用征求意见的方式，让员工自己领任务并确定完成时间。这样对方就会认为自己不是被安排任务，而是根据所在部门的现状和目标，自己领取的任务并做出任务安排，当然会尽力去做。

3. 领导者自身的能力要过硬才能让别人信服

企业中，能力是衡量一切的指标，领导者如果想更好地领导员工，就必须用能力说话，这样才会得到对方的认可，让对方信服并听从管理。可以从公司内部选拔管理人员，并委以经营重任，从而培养出许多具有领导意识的领导。

敢于给员工高工资

很多企业舍不得给员工高薪，觉得这样会增加企业的用人成本，往往会用"底薪＋业绩"的方式来变相降低工资水平。虽然给高工资不能解决所有问题，但如果工资在同类企业中属于低水平，往往会引发员工不满，也不利于管理。

愿意给员工支付高薪的公司才能吸引更多优秀的人才。当一家公司拥有足够多的人才时，就不用担心人才流失。并且空出的岗位可以吸引更优秀的人才加盟，形成人才机制的良性循环。敢给员工开高薪的企业自带宣传效应，能够形成好的口碑。很多知名企业如华为、腾讯、小米等能够在市场上无往不利，高薪酬、高福利功不可没。

对于那些有能力的员工更要给予更多薪酬，试想，如果没有能力的人拼命干能拿 3000 元，混日子也能拿 2500 元，有能力的人拼命干只能拿 4000 元，混日子能拿 3500 元，这样的话，混日子的人跟有能力的人都会选择混日子，长此以往就会形成一种懒散的工作氛围，没能力的一直混，有能力的人会选择跳槽。

组织中一旦出现这种能者多劳但不多得，闲者不劳还拿着跟多劳者一样薪水的状况，就会使管理效率低下。能者多劳的潜在特征是领导者看着谁好用就一直用谁，有的领导者习惯于把大事小事都分配给"能者"，以降低成本和风险。这种鞭打快牛的工作任务分配方式在短期内可能有效，能够让"能者"解决突发性事件，但不是一个长久之计。一旦"能者"被贴上"快牛"的标签，则极容易在领导者和同事的心目中形成路径依赖，并不断地被"鞭打"。虽然"能者"的潜能不断被激发，可是另一部分人员却被"闲置"，他们的潜能一直处于沉睡状态。从这个意义上说，鞭打快牛实际上导致了人力资源浪费。另外，那些"能者"因为被领导者信任，不得不承担更多的责任。让那些平时就"少劳"的人产生更多的依赖心理，他们会把更多的责任推给别人，形成少劳而多拿的现象。

所以，如果公司预算和现金流充足，要激发全员的领导力，就不要吝啬，给有能力者高薪。给高薪这种做法古今都有：

案例一：

曾国藩之所以受到后人的推崇，是因为他把湘军带成了一支虎狼之师，充满了激情与战斗力。

曾国藩作为全军统帅，严格自律，他说："鄙人近岁在军，不问战事之利钝，但课一己之勤惰。"他的带兵之道是"身先足以率人，律己足以服人"，自己勤奋，下属岂敢懒惰。要求别人做的，自己首先做到，大家跟着这样的领导者就会形成良好的团队精神。

"绿营军"这支队伍外强中干、一盘散沙，愣是被曾国藩打造成了一支强劲的军队。那么，他是如何做到的呢？其实就是敢给军队厚饷制，也就是开高薪。

曾国藩开始组建团练的时候，冷静分析过绿营军的优势和劣势。曾国藩发现绿营军的制度有严重的缺陷：允许部队搞副业创收！而导致这个现象的原因是朝廷的"低饷制"！这就充分说明一个问题，领导者不想出高薪，允许员工接私活。当时的绿营军武官和文官一样拿着低俸禄，都靠吃空饷以及与地方做生意来赚钱，这样无形中让军队产生了收保护费、走私等阴暗的手段去牟利的风气。这样一来，士兵只想着贪财保命，哪有心思去打仗？于是曾国藩运用了利益激励，也就是给官兵们开出"厚饷"。

当时曾国藩给湘军士兵的饷银是正规军的三倍，是农民的4~5倍，打了胜仗还会按照贡献进行比例分成，如果在战场上战死，抚恤金是朝廷的数十倍。这样的利益激励使人们都力求从军，因为参军的人数多了，曾国藩就有机会实现择优录取。另外，军队被允许打了胜仗可以去抢敌人的财物，抢来的东西上交两成，其他都归打胜仗的部队。如此，大大激发了士兵的战斗力和积极性，他们知道跟着这样的领导有饭吃、有钱花，打了胜仗还能得到更多的好处。

对于企业经营和管理而言，曾国藩的这种"厚饷制"就是一种非常科学的分配方案，用高薪去激发员工的动力，他们才会像虎狼一样冲向市场，才会提升企业战斗力，对于那些做得好的员工，要给予他们更多的肉吃。如果天天搞精神培训而不用利益兑现，员工才不会买账，还会认为你是"大忽悠"。

案例二：

某公司是一家知名汽车品牌公司。在创业初期，依靠一批志同道合的朋友，大家不怕苦不怕累，从早到晚拼命干。公司发展迅速，几年之后，员工由原来的十几人发展到几百人，业务收入由原来的每月十来万元发展到每月上千万元。企业大了，人也多了，但公司领导明显感觉到，大家的工作积极性越来越低，也越来越计较。老板一贯注重思考和学习，为此他系统学习了企业管理课程后发现，一家持续盈利的企业必须是"高效率、高薪资"的良性循环。工作效率提高了，公司才可能支付高薪资。反过来，支付高薪资才能让公司效率不断提升。他想，公司发展了，确实应该考虑提高员工的待遇。为此，该公司重新制定了薪酬制度，大幅度提高了员工的工资，并且对办公室进行了重新装修。高薪的效果立竿见影，该公司很快就聚集了一大批有才华、有能力的人。新、老员工都很满意，大家的热情高涨，工作十分卖力，公司的精神面貌也焕然一新。

激发员工的斗志有多种手段，但给员工高薪却是一个永不过时的手段。

即时性认可最能驱动员工

每个人都希望自己所做的事被认可，希望自己点点滴滴的进步受到肯定，员工作为企业的一分子，更希望领导的目光能够投向每一个角落，看到他们的努力。员工如果被认可，就会充满活力，充满干劲儿，更加具备主人翁意识，工作更积极主动。

一些领导者认为，给员工提供更高的薪酬、更好的物质待遇就可以使员工努力完成工作，达到激励的效果。当然，金钱的激励是对员工最基本的激励，好的薪酬制度的确能留住优秀人才，也能让员工更有主人翁意识。但金钱的激励只是一种，另一种激励却是长期的，就是让员工感觉到自己的价值，这就是认可的力量。

员工完成了某项工作以后，最需要得到的是领导者对其工作的认可。领导者对员工的认可是一个秘密武器，当员工做出优异的成绩或者取得了哪怕是微小进步的时候，领导者不妨发一封邮件给员工，或是打一个私人电话祝贺员工取得的成绩，或在公众面前表达对他的赏识。每名员工再小的良好表现，若能得到认可，都能产生激励的作用。拍拍员工的肩膀、写张简短的感谢纸条，这类看似简单的、非正式的小小认可与鼓励，比公司一年一度召开盛大的模范员工表扬大会效果更好。

认可员工是尊重员工的根本体现，也是企业发展的一种良性循环，领导者需要让员工知道他们做出的工作是有意义的，并且自始至终认可和欣赏他们的努力，每天抽出一点时间来赞扬员工，可对整个团队的工作起到很好的激励效果。

用即时性的认可来让员工达到期望的行为，需要注意以下三方面：

1. 认可必须立即给予，刻不容缓

对员工的认可是为了起到对员工的激励作用，使其工作更积极，所以要及时，无论是精神上的认可还是物质上的奖励，兑现都要迅速。很多公司都会对员工的工作成绩进行定期考核，然后根据考核结果给予奖励，如果不及时去兑现，会让员工怀疑考评结果的真实性，对公司不满，这样员工就会对公司失去信任。另外，兑现给员工的绩效工资或奖金迟迟不发放，可能会让员工怀疑公司的财务出现了问题，甚至还会使员工产生离职的想法。所以，认可要及时，才能提高员工工作的积极性，及时将绩效工

资或奖金兑现给员工，员工拿到实实在在的钱，心情舒畅了，工作起来更顺心，工作效率也会提高。

2. 奖章或奖金的数量不设上限

当员工工作做得优秀时，可以及时给予奖章或奖金，并且这个数量不要设上限，这样就可以为员工带来持续的激励，让自己变得越来越优秀。比如，华为设置了非常多主题突出的荣誉奖项，包括"蓝血十杰""金牌团队""金牌个人"和"明日之星"等。任正非本人也非常重视这些奖项，很多荣誉奖项的奖牌和奖杯是由他亲自确定的，华为公司的每一个奖项都有其设计目的，并有相应的评选标准，比如，金牌奖分为个人金牌奖和团体金牌奖，主要目的是表彰那些为公司持续的商业成功做出重大或突出贡献的团队和个人，是公司授予员工最高的荣誉性奖励。"天道酬勤奖"设置的主要目的是激励长期在外艰苦奋斗的员工，评选的标准包括在海外累积工作了10年以上，或者在艰苦地区连续工作6年以上，或者全球流动工作累计10年以上的员工。针对新员工的"明日之星奖"设置目的是营造人人争当英雄的一种文化氛围，主要针对那些入职不久的新员工。

3. 当众嘉奖

嘉奖员工要当众进行，甚至可以营造一些仪式感，比如发现金，这样不但能让被嘉奖的员工感受到荣誉，也能让观看的人感受到那种荣誉，从而促使他们争取下一次也拿到奖项。能发现金的尽量不要转账至银行卡，这是一种变相激励员工产生"成就感"的行为，同样是领钱，转账至银行卡就是一串数字，而拿到手里却有沉甸甸的感觉，这两者有极大的区别。尤其是对于那些分红额高的员工，尽量选择通过现金发放的形式，并且要办好仪式来发放。这么做有两个目的：第一，让他本人很有获得感。他上台领奖拿到厚厚的一摞钱，那种喜悦会让他瞬间变得自信，且充满成就感。第二，台下看到的人会受到激励，都会在心里想着："明年我也要上台领那么多的奖金。"还可以让员工看到别人的成功案例，也会激发员工的内在潜力和斗志。

当员工表现良好时，如果能够得到他们非常敬重的人及时、真诚、具体的认可，他们会有一种自己很特别的感觉。这也是为什么很多公司虽然在认可手段、项目、现金替代品以及商品上花费了数百万元，但仍然有大部分员工表示，他们在公司没有得到应有的重视，原因往往是领导者对于员工的突出表现没有进行及时认可。

认可员工要注意以下四个要点：

（1）认可要及时。领导越早认可员工，他们的行为越容易被强化，会再接再厉。

（2）认可要真诚。不要让对方感到虚伪或华而不实，要让对方感到是真心实意的认可。

（3）认可要具体。认可别人做得好的方面要具体指出来是哪些细节，有证据支持，模棱两可或没有根据的认可会被认为只是走过场或不实在。

（4）认可要直接。不要借别人的口去认可员工，最好是领导者亲自或当面鼓励员工，那样达到的效果会更好。

最好的激励是让员工给自己干

一个人什么时候干得最卖力？就是觉得这个活儿是给自己干的，不是在别人催逼下不情愿的行为。就像学习好的孩子往往是拥有自主学习力的人，而不是天天被父母和老师催促的人。

想让员工像老板一样，就要把员工变成老板，老板身上有利益、有权力、有风险，员工如果也像老板一样有利益、有权力、有风险，就会变得有担当。所以，作为领导者不要忽悠员工干活，而是要让他们觉得是给自己干。

对于企业，想要员工主动为企业效力，就要让员工把企业当作自己的事业来做，让员工有当老板的感觉；而对于员工来说，都希望在一个能发挥自己才智和技能的地方工作，在人与人相互尊重的氛围中工作，都渴望被认可，这样才能在企业中找到归属感，真正把工作当作自己的事业。我们看一下优秀企业是如何实现让员工把工作当作事业的。

案例一：

星巴克于1985年正式在美国西雅图成立，以卖咖啡豆起家。它从不做广告，却在20年里取得了巨大的成功。如今，它在全球已经拥有5000多家连锁店，从一个小作坊一跃成为一个巨型连锁咖啡集团，它的成就令全球瞩目。星巴克的成功与它的创始人霍华德·舒尔茨是分不开的。舒尔茨曾经多次说道："拥有颇具市场魅力的品牌能够获得利润；对自己的员工给予良好的待遇则能够获得员工的尊重，这是使企业得以发展的相辅相成的两个方面，缺一不可。"在舒尔茨的眼里，员工才是星巴克品牌的最好诠释。

在其他公司都忙着做广告宣传自己时，星巴克却将这部分经费投入员工的培训、分红当中去。舒尔茨非常欣赏在意大利那些咖啡馆感受到的那种老板与侍者之间闲适、和谐的感觉。他也想将这种上下级之间的关系融入自己的咖啡馆当中，为员工提供更好的福利和环境，以满足员工的基本需求。1988年，星巴克为临时工投保医疗保险，成为第一家为临时工投入医保的公司。1991年，星巴克向员工提供优先购买股权的机会，并将这一优惠政策普及至临时工，成为开创此举的第一家公司。这些举措收到了明显的效果：星巴克员工的流动率从每年的175%下降至65%。在餐饮业，星巴克成为一个神话。星巴克提供的这些福利，极大提升了员工对于成功的渴望，他们希望自己能够伴随星巴克取得更大的成就。对人的重视，为员工提供良好的福利，是星巴克取得巨大成就的基石。星巴克总部的80%员工来自一线，其区域分店和供货中心之间的人员周转率非常高。这些来自基层的管理人员，具有丰富的基层经验，因此他们对商场中的任何风吹草动都能快速做出反应。这也使星巴克在激烈的市场竞争中占据了优势。

星巴克尊重员工的举措让员工看到了自己努力做事情将能够得到很大的回报，这样的状态下，员工都在为自己的未来打拼，为自己能够获得更高的薪水积极工作，为自己的股份努力，哪有不好好干的理由呢？

案例二：

永辉超市实现"全员合伙制"。通过在品类、柜台、部门达到公司设定的毛利额或利润额后，超出部分由企业和员工进行收益分成。这样一来，员工会发现自己的收入和品类或部门、科目、柜台等的收入是挂钩的，只有自己提供更出色的服务，才能得到更多的回报，因此合伙制对于员工来说就是一种在收入方面的"开源"。另外，因为不少员工组和企业的协定是利润或毛利分成，所以员工还会注意尽量避免不必要的成本浪费，以果蔬为例，员工在码放时就会轻拿轻放，并注意保鲜程序，这样一来，节省的成本就是所谓的"节流"，这也是在国内整个果蔬企业超过30%的损耗率的情况下，永辉只有4%~5%损耗率的原因。这就是员工给自己干带来的效果。

在合伙制下，企业的放权还不止这些，对部门、柜台、品类等人员的招聘、解雇都是由员工组的所有成员决定的——你当然可以招聘10名员工，但是所有收益是大家共同分享的。这也就避免了有人无事可干，有人非常忙碌的情况。最终，这一切将永辉的一线员工绑在了一起，大家是一个共同的团体，而不是一个个单独的个体，不仅极大地降低了企业的管理成本，员工的流失率也有了显著的降低。

所以，优秀的领导者往往是深谙人性，而不是对抗人性。让员工享有企业经营的成果，才能让员工和老板的利益保持一致，员工才会成为企业的主人，才能真正激发出全员领导力，真正解决了利益共享的问题，员工

161

就会给自己干。

奖励优秀者，坚决淘汰不胜任者

在企业中，有的员工能以一顶三，而有的员工甚至无法以三顶一，优劣明显。这个时候就非常考验领导的用人策略，那就是要奖励优秀者，坚决淘汰落后的、不能胜任的员工。

许多知名企业在激励机制上使用"淘汰制"的激励方式，比如，华为每年强制性10%的末位淘汰，这样企业才会有新的血液循环。再比如：阿里巴巴一直在实施的"KPI+价值观"双重考核的方式，也就是通过末位淘汰制来评估所有的员工。

在管理上有一个法则就是"活力曲线"，如图6-1所示。

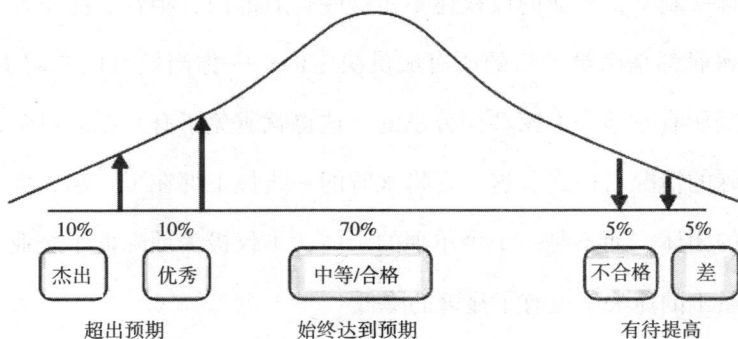

10%	10%	70%	5%	5%
杰出	优秀	中等/合格	不合格	差
超出预期		始终达到预期	有待提高	

图6-1 活力曲线图

活力曲线是由杰克·威尔奇提出的，他在自传中讲了一个故事，他说有一个在纽约开服装店的老板，他手下有几十个和他朝夕相处的员工，但是员工的干劲不足，所以生意非常一般。他通过观察发现，每一个员工的技能、体力、态度、工作状态是不一样的，所以每个员工的效率也是不同的。在这几十个员工中，优秀的占20%，平均水平的占70%，还有10%是不达标的，所以这个老板就尝试每年把末位的10%员工强行淘汰，以增加公司的新鲜血液，服装店的生意居然真的好起来了。后来，人们就把这个案例提炼成一个管理法则——活力曲线。

应该鼓励和奖励做得好的人，那就必须适当地淘汰做得不好的人，这样才能激发全员的活力。

淘汰只是一种管理手段，而不是最终的目的。奖罚分明能让每个员工把责任装心中，让企业运营得更好，让顾客体验感更佳。具体如何执行呢？

1. 对超出预期的优秀者的激励要及时

不但要给予物质上的奖励，还要有晋升方面的考量。如果是普通员工表现优秀，可以考虑让其晋升干部的岗位，把各项指标都拿出来比一比；如果是本部门业务最优的，可以与其他部门展开对比。让"能者"脱颖而出，才是对他们的最好嘉奖。有能力当将军的士兵，就要让他试着当将军。

2. 敢于拉开分配差距

破格提拔贡献者，优秀员工要多拿钱，多晋升。对多劳者加大培养力度，人尽其才，才尽其用，多给他们压担子、供位子、换脑子，让他们有干头、有甜头、有奔头；对不作为、慢作为的，加大考核督办力度，严格治庸治懒。不拉开差距，优秀的人就起不来，被压得无才可展，升不了职，团队士气就低落。铁军都是打出来的，打赢了就快速提拔，士气高涨，战斗力就强。选出几个优秀人员来树立标杆，大家看到了榜样，就会开始争着上战场冲锋，去超越标杆，这样队伍的士气才能起来。后进、落后、不出绩效，就要遭到末位淘汰。

3. 从培养小领导到培养大领导转型

如果团队要做大项目，不能总盯着竞争，要培养一批优秀的领导，以此来构建一支核心队伍。华为就运用这样的人才选拔和留用机制。华为选择做得优秀的前 20% 人员去"充电"，在"充电"过程中，再选 20% 的优秀人员进入重大项目部训练，可以成建制地空投到项目，做得好的，鉴定后再做推荐。这样就产生了优秀将领，整个华为公司的队伍盘活了，干部也循环流动起来了。

4. 科学合理安排末位人员

人人都想变好，但有一部分基层员工的确是到了末位淘汰的边缘，组织也要照顾这些员工的情绪和自尊心。不应该从一开始就放弃对他们的帮助和培训，只有确定他们最终无法实现快速转变，或者是不能领悟、认同企业价值观的时候，才能让他转岗降职或者是被淘汰。明确界限、避免形式化、注重实用的要求下，竞争淘汰是必须的，但是淘汰周期应主要依据企业人力资源的素质水平而定，当人力资源管理目标已经达到的时候，末位淘汰制就应该缓行，不能为了淘汰而淘汰。通常来说末位淘汰的频率最多一年一次，不可以太频繁，否则就会出现人人自危的状况，末位淘汰的范围小于 5% 的比例为宜。比如，100 个人的企业一次只能淘汰 5 个人，当然这 5 个人并不是均匀分布的，有些部门可能一个也没有，而有些部门可能有多个，应该视具体情况而定。如果企业能够招聘到非常优秀的人才，那么可以加大淘汰的力度，能者上庸者下，企业必须有人员流动，有新来的人刺激公司的老员工，有能力差的人离开，这样留下来的人才会警惕。铁打的营盘流水的兵，只要保证公司的核心骨干还在，并且不断培养核心骨干的后备队伍，企业就能健康发展。

信任能提升效率降低成本

信任对于一个团队来说是必不可少的，因为信任文化能给团队提供一种安全感。当团队成员彼此感到安全时，会感到很舒服，相互坦诚，承担适当的风险，并暴露弱点。如果没有信任，创新、协作、创造性思维和生产力就会减少，大家就会把应该一起实现目标的时间，花在保护自己和自己的利益上。同时，信任是知识共享的关键，信任是团队获取知识的一个关键因素。简而言之，团队成员如果彼此信任，大家一起分享知识，公开交流，最终公司就会形成一种互帮互助的学习氛围，更利于团队的凝聚和业绩的提升。

反之，当团队缺乏信任时，团队成员就会将精力放在和团队其他成员互相猜忌和斗争中，信息不对等和沟通不顺畅会造成团队内耗严重。那团队的执行力也不会高，更不可能产生高绩效。

信任能够带来信心，当你信任谁就对谁的能力和人品产生信心。信任的反面是不信任，不信任就是怀疑，当你不信任一个人的时候就会怀疑他的诚实，怀疑他的计划，怀疑他的能力，怀疑他的经历。

有一项研究结果显示，企业的业绩至少有 30% 与员工是否努力直接相关。就是说，企业在不增加任何硬件和人员投入的情况下，通过调动人员的积极性，使每个人都能努力工作，就可以带来至少 30% 的收益增长。当一个人受到尊重和信任时，主动性最大，积极性最高。所以，领导者要"用人不疑"，就要充分信任、尊重每一个你用的人，并给予相应的授权。只要"信任他是个好人，他就坏不了"，员工往往就会有"人人都是总经理"的自觉，真的就能站在总经理的高度考虑问题，"动大脑子""算大账"，真正从公司利益出发去处理事情。

所以，对于企业来说，信任是最好的管理，对此很多领导者都深有感触。而且信任、效率与成本是三位一体的辩证关系。被信任的员工做事效率最高，相对而言管理成本最低；不被信任的员工做事流程多、限制多，导致效率低下，随之而来的就是管理成本提升。

也就是说，信任影响两个结果：效率和成本。当信任下降时，效率也会下降，而成本将上升。当信任上升时，效率也会跟着上升，而成本将下降。

比如，在福特汽车公司发展到顶峰的时候，管理者亨利·福特及其孙子福特三世，对员工不信任，甚至嫉妒贤能，导致企业经营下滑，到最后福特三世不得不把握了 35 年的业务经营大权让给了福特家族以外的菲利普·卡德威尔。

一旦领导不信任员工，员工就会对领导和整个团队不信任，甚至丧失信心，那么这样的团队又怎么可能达到"人心齐，泰山移"的效果呢？那些把企业经营得风生水起的优秀领导者和团队，无不是建立在信任员工和团队成员彼此信任的基础上。

看一个案例：

作为当今世界媒体领域的老大，网飞（Netflix）的企业文化被很多人关注，该公司就是以"信任员工，自由管理"为外界津津乐道。

该公司没有报销制度和流程。员工要报销，只需自己填个单子就可以了，没有经费审批流程。如果员工要花100万美元做一件事，也不需要去审批，自己签字，就能够代表公司把这钱花出去。网飞也没有请假制度。员工想要休假，哪天休、休几天全是自己安排，不需要批准，也没有人会阻止。公司鼓励员工跟猎头见面。如果员工犹豫，领导者会说，"你去，至少问问你值多少钱"，让他了解猎头的信息。而且，这个公司对于合格的员工，也会开除。仅是做到合格还不够，让合格的人走是为了留下优秀的人。他们的原则是给予员工最高的市场工资，然后提高人才的密度。网飞的思路是这样的：要想快速变化，必须放开管制，让员工充分发挥创造力与主动性。自由与责任是网飞企业文化两个最重要的关键词。但是让员工自由前进的前提就是这些员工本身拥有灵活的思维、过硬的专业素质，总之就是最优秀的细分领域人才。网飞的每一个研发、销售、推广都是行业内最顶尖的人才，网飞相信他们可以做出一定情况下最优秀的选择，而网飞也给他们试错的机会。越优秀的人才，网飞越加信任，越能培养出更加高质量的人才，于是，网飞就成为了一个集高效率、低成本于一体的优秀企业。

网飞公司给予员工的自由程度让人瞠目。不仅在休假与经费审批上给予员工最大的自由度，让他们完全自主决定自己的假期与公费支出。在项目管理上，网飞推行一种叫作"知情指挥"的制度。

通常在企业中，一个重要项目的执行与方向决策，需要领导层层审批与决定，这无疑会更好地保证重点项目的方向不出问题，但这会丧失很大的灵活性和机动性。一方面层层审批与各种会议、流程会耗费很长时间，另一方面各层领导不一定了解项目的细节，对项目的把控不一定有底层人员好。网飞的"知情指挥"便是把指挥权交给最了解项目的项目经理，不用任何审批和申请，就可以调动项目需要的所有资源。这便是网飞能够在一个个时代桥头快速转身的关键。网飞公司之所以有这么宽松自由的信任文化，还来自员工之间的坦诚。

员工可以自由休假，一个员工在项目关键节点想要休长假怎么办？当然不能耽误项目的进程，通常情况下员工会对此有自己的判断，如果他判断失误，同事、领导都会坦诚地指出他的不当之处，他便会把休假往后调整。这样不但保证了项目的进程，还会让员工在错误中学会成长。如果因此养成了懒惰思想，网飞还有非常严格的末位淘汰制，使很多人都不想成为被淘汰的人。网飞的自由文化是很多公司向往和学习的。

很多公司对员工是不信任的，光一个考勤制度就设计到了"分秒必争"的状态，比如，手工签到、卡钟打卡、指纹打卡、人脸识别等不断升级；还有些企业为了防止员工出勤不出力，在办公室安装了视频监控，甚至电脑也安装了监控软件等。越是这样不信任，员工工作越不积极，甚至"上有政策下有对策"，能偷懒则偷懒。有的家族企业总是觉得外人靠不住，所以在关键岗位都安插了自己的亲朋好友，这样一来，就在员工心目中形成了泾渭分明的"自己人和外人"的界限。

这样的不信任最终导致的结果就是效率低下，成本升高。企业效益是员工的积极性创造的，如果员工没有积极性，企业可能什么都做不成。虽然企业不能像家庭，但也一定不能过于苛刻，制定不近人情的制度。员工处在不被信任的状态下不但会使工作效率降低、成本升高，还会损害员工积极性，造成离职和人员涣散的状态。

只有同事没有员工，构筑彼此信赖的伙伴关系

打造全员领导力，就是要求整个团队成员形成一种"只有同事没有员工"的工作氛围。即使是上下级，只要有信赖关系做基础，相互间就可以坦诚地说出真心话。这样问题就会一目了然，工作得以顺利进展。构筑这样的信赖关系，需要在平时做出努力，把大家的心紧密地联系起来。

企业开展各项人文关怀活动和人文教育，有助于把大家的心连在一起。"信任"是因为相信对方，从而对每一件事情都会理解和认可。在信任的基础上，双方成为相互依赖的伙伴，这就构筑了信赖关系。

一些优秀的公司都是先有了彼此信任的关系，才有了优良的业绩和口碑。比如，顺丰公司创始人王卫曾在一次演讲中说："对于管理几十万人的公司，我没有特别独到之处，只是将管理回归到人性的本质上来。公司对员工用心，员工也会用工作业绩来回报企业。"在所有快递行业里，顺丰快递员口碑是最好的，服务周到，热情洋溢，很多客户只要是稍微贵重一点的物品，只放心交给顺丰，对顺丰快递的满意度也远超其他同行。

在《西贝的服务员为什么总爱笑：贾国龙激励 3 万员工的管理哲学》❶
一书中，展示了西贝员工彼此信赖的伙伴关系，领导不仅关心员工在西贝
干得是否卖力，更关心员工是否快乐、有奔头儿：

一位 50 多岁在西贝唱戏的老太太，被领导贾国龙改造成店长，几经
波折，从居无定所的"北漂"人，逆袭成为几十家西贝门店的分部老板，
在北京安居乐业；一个社会底层的厨子，几欲出家，旁人眼里"一辈子讨
不到媳妇"的贫苦孤儿，在西贝命运反转，不仅有了奔头儿，一步步走上
职业晋升通道，还拥有了甜蜜伴侣；一位知名媒体人、管理顾问，创业低
谷遇见西贝，一步步"越陷越深"，从外脑变内脑，如今操盘整个西贝数
字化和新餐饮布局。

西贝的贾国龙曾经说过，西贝的愿景是全球每一个城市、每一条街都
开有西贝，随时随地为顾客提供一顿好饭，因为西贝让员工觉得人生喜
悦。要实现这个愿景，靠钱砸不出来，资本、设备乃至食材都好复制，最
难复制的是人——一个个动力十足、训练有素的"操心小老板"和一线员
工。正是这一群优秀的员工、优秀的伙伴，才使西贝越走越好。正是这种
信任和激励，让西贝的员工有了满满的动力和信心。

还有一个公司，为了拉近与员工心与心之间的距离，推出了很多暖心
活动。

---

❶ 贾林男.西贝的服务员为什么总爱笑：贾国龙激励 3 万员工的管理哲学 [M].上海：
文汇出版社，2019.

譬如公司开展领导与同部门员工之间"幸福午餐会"活动，就是大家增进对彼此的了解，倾诉个人想法，畅所欲言，有什么困难都会获得帮助的一次交流活动。午餐会中，领导需要倾听员工的意见，无论是个人困难、家庭困难，还是工作中的难题，以及给公司或领导提出的建议等，都会在彼此交流中得出解决方案。疏导员工内心的顾虑和压力，同时也能让大家为个人提出的好建议获得采纳而产生成就感，从而建立一种领导与员工之间的纽带及信赖关系。

公司还开展每月一次的"扫除道"活动，这也是一种拉近彼此距离的方式。大家通过参与共同的打扫，践行"凡事彻底"的精神；通过细心打扫，让心灵静下来；通过相互分享感悟，学会了谦虚和感恩，最终加强了彼此的信赖关系。

在生活方面，公司开展"生日会"活动。在生日这种特别的日子，有领导的祝贺、公司的祝福。同事聚在一起，看"孝道"视频，生感恩之心，相互分享自己需要反省和改进的地方。在这种氛围中，心灵相互碰撞，相互提升，这也是成为心灵伙伴的重要途径。

公司一旦形成如此信赖的伙伴关系，员工对内会互帮互助，对外就能以更加饱满的热情去回应顾客。

很多企业忽视了一个根本性的问题：顾客究竟通过什么方式感知企业的形象呢？事实上，顾客是通过企业员工的服务和工作来感知的。

以服务顾客为核心价值的公司，必须对员工、顾客、企业关系进行重新定义。这些公司要根据自己的文化传统和价值观念对三者关系进行重塑。企业需要给员工提供的并不仅是一份维持生存的报酬、保险和福利——作为企业，在自己构建的共同体中平衡安全感和自由，给予员工足够的尊严和成就感，不是把他们当成给企业赚钱的工具，而是从内心真正把他们当成伙伴，这是企业从优秀迈向卓越的关键所在。

第7章

提升全员领导力的要点

授予权力而不热衷控制

倒金字塔管理模式就是：在服务上，谁最靠近顾客，谁的指挥权就最大。员工最喜欢在会授权赋能的公司工作，特别是有能力的员工，他们常常用能够得到的授权大小来判断自己的价值。所以领导者尊重他们并给予授权，员工就会创造出绩效，也会获得很强的工作满足感，这也符合马斯洛需求层次理论。如果企业不但满足员工的生理和安全需要，给员工提供好的住所、好的薪酬待遇，还能给予更多的心理关爱，并且能够让他们得到成长，实现自我价值，员工的实际需求都得到了满足，那么，没有后顾之忧又有极大成就感的员工，怎么可能不用心工作呢？

先把员工当成客户一样对待，让他们得到极致的体验，让他们的服务得到充分认可，他们才能把这份"用心"回馈给客户。这个也是授权的最大意义，能够让员工因为得到授权而产生主人翁的责任意识。

授权是组织运作的关键，它是以人为对象，将完成某项工作所必需的权力授予员工，即领导者将处理用人、用钱、做事、交涉、协调等决策权移转给员工。只授予权力，不可托付完成该项工作的必要责任，这是授权的绝对原则性。组织中的不同层级有不同的职权，权限会在不同的层级间流动，因而产生授权的问题。

曾国藩带领的"绿营军"之所以最后成了非常好的一支军队，离不开曾国藩对于军队各部门长官充分授权，给予他们人事权和分配权。当时清朝对"绿营军"是极度不放心的，朝廷设置了"兵与勇不相得，兵与将不相习，将与将各不相下"的平衡方案，以防止将军拥兵自重。军队之间的关系非常复杂，打仗的时候调兵也不由将军说了算，导致战斗中将军不识士兵，士兵也不熟悉将军，明明一起上战场，却更像一盘散沙。士兵不服将军，将军不爱士兵，出现了严重的内耗。曾国藩带兵的时候完全废除了这种制度，并且坚持"将必自己选，兵必自己招募"的原则，高级的将领由曾国藩亲自来选，士兵放权给将军来选。也不是统一发放战利品，而是直接让各个将军自己决定。相当于把人事权和分配权都给了高级的长官。这样士兵信任长官，长官爱戴士兵，互相拥护，形成了赴汤蹈火、生死相救的局面。为了加强这种效果，曾国藩甚至采取更极端的手法来逼迫整个系统保护战斗力，他提出：主官在，军在，主官亡，军散！就是主官战死，除非队伍中有更合适的人来代替他，否则队伍就地解散，永不录用！这样保卫主官成为与士兵利益攸关的责任，保护好带头羊，也就保住了军队的战斗力！

很多时候，领导者承担了所有责任，因为他们很难相信其他人能像他们自己一样做好工作，这种担忧是合理的，但它也可能妨碍领导充分利用授权的艺术，所以大部分领导者热衷控制而不愿意授予员工权力。

热衷控制的领导，什么事情都让员工按照他自己的意图来进行，容不下不同的意见，总觉得自己高高在上，员工的积极性和主动性都无法得到充分发挥，这样的领导方式是不正确的。控制欲强的人，往往会给自己和别人同时带去很大的压力。别人按照你的意图来，你则高兴，做错了你又觉得别人能力不行；如果别人逆着你的意思来，你不高兴，觉得员工不听话。时间一长，控制欲就会演变成不尊重人的自私与自大，轻则领导者自己很累，重则把整个团队拖垮。

学会授权会让员工觉得这个领导者平易近人，也不会让员工产生更多的敌对与愤恨情绪。

所以，作为一名领导者，要想工作出色，不能控制员工，奴役员工，而是要充分跟员工沟通，信任他们，想方设法创造各种条件来发挥他们的积极性、创造性，同时敢于授权，让员工也像领导者一样去思考，整个团队才会实现良性循环。

授权可以让员工感到自己担当大任，感到被重视和尊重，感到自己与众不同，感到自己受到了上司的偏爱和重用。在这种心理作用下，被授权的员工自然会激发潜在的能力，甚至为此两肋插刀、赴汤蹈火也在所不辞。

那么，领导者对员工授权也是有方式和分情况的，一般有以下五种授权方式：

1. 充分授权法

这种授权的特点是自由灵活、授权的范围和幅度较大，比如允许员工制订具体的行动方案，给予员工人、财、物等资源的调配权等。这种授权适用的对象往往是中低层管理人员、新成立部门的管理者或新的业务领域。

2. 不充分授权法

这种授权自由度较低，也比较灵活。一般适用于中低层管理者、普通员工或者公司比较稳定的业务领域。

3. 弹性授权法

这种授权方式变动性和灵活性都非常大，应视具体的情况采用。适用于领导对员工不是充分了解的情况或处理一些临时性业务的时候。

4. 制约授权法

这是一种采用部门或员工之间相互牵制的授权方式，一般适用于授权给部门级主管或管理者的权力幅度较大时。

5. 逐渐授权法

授权的对象和内容会逐渐变化，一般适用于员工对业务情况不了解时。

避免高高在上"下命令"，要多鼓励

俗话说得好，"遣将不如激将"。在企业里面也如此，命令员工去做某件事，不如激励员工去做某件事。领导适时的激励，可以使员工同心同德、众志成城，提高工作效率。激励分为物质刺激和精神刺激，后者又可以定义为领导者对员工的"鼓励"。

这里的鼓励是指通过语言、行为等对一个人进行精神上的鼓励，使之振奋起来，增强信心和勇气。鼓励强调的是精神层面和心理层面给人以鼓舞。鼓励不是赞美，不是因为员工做对了事情夸赞几句，而是一种精神上的认可与鞭策，让员工受到鼓舞，从而有信心做得更好。

为什么鼓励他人的能力对于一个团队领导者如此重要呢？因为团队领导者肩负着带领团队成员完成目标的使命。根据罗森塔尔效应的原理，学会鼓励他人可以让团队成员朝着组织期望的方向去努力和发展。

美国著名的心理学家罗森塔尔曾经做过一个关于鼓励他人的实验。他选择了一所学校，向校长要了学生的花名册，随机抽取了 18 名学生，然后对任课的老师说，这 18 名学生都是天资卓越、特别聪明的高智商孩子。为了确保实验的准确性，他还请求校长保密。不知情的老师真的以为这 18 位孩子是天才，于是悉心培养，给予更多的关照。学期快结束的时候，罗森塔尔回到学校了解情况，结果发现之前挑选出来的 18 名学生成绩都提升了很多，而且也变得更加自信。在后来的十几年里，罗森塔尔对这些学生继续进行了跟踪调查，结果发现，他们毕业后进入社会，并走上工作岗位后，每个人都取得了不菲的成就。罗森塔尔根据自己的实验结果得出了这样的结论："当人们基于某种情况而形成期望之后，在后来的日子他们会越来越靠近这个期望，并且使其成为现实。"

罗森塔尔效应在教育领域广为人知，尤其是教育孩子上被广泛应用。当父母告诉孩子："这件事情你能行""只要你专注在这件事情上，你一定可以做好"这些话语时，孩子感受到父母对自己的肯定，备受鼓舞，自我价值感增加。孩子内心也会涌现出这样的想法："我一定可以！我能做好！我要更加努力匹配父母寄予我的希望。"经常受到这些鼓励的孩子，的确也会表现得更自信，学习成绩更好。

同理，在企业里，领导者要经常鼓励员工，尤其在团队成员遇到困难时，不仅要提供实质性的支持和帮助，而且要多给予精神鼓励，使团队成员提升自我认同感和价值感，进而转变成自信心去克服困难，完成目标。

在《杰克·韦尔奇自传》❶中，韦尔奇的便条式管理就是一种非常值得借鉴的鼓励式管理方法。1998年韦尔奇对杰夫写道："……我非常赏识你一年来的工作……你准确的表达能力以及学习和付出精神非常出众。需要我扮演什么角色都可以——无论什么事，给我打电话就行。"在这本书的后面有韦尔奇从1998年至2000年写给杰夫的便条。这些便条在完善韦尔奇管理理念的过程中所产生的作用是巨大的。这些充满人情味的便条对下级或者朋友的鼓励多么让人感动，这种尊重付出、肯定成果的胸怀令多少人自叹弗如。

杰克·韦尔奇说："我的经营理论是要让每个人都能感觉到自己的贡献，这种贡献看得见、摸得着，还能数得清。"当员工完成了某项工作时，最需要得到的是领导者对其工作的肯定。领导者的认可就是对其工作成绩最大的肯定，也是对下次干得更好的鼓励。领导者的鼓励是一个秘密武器，但鼓励的时效性最为关键。如果用得太多，价值将会减少，如果只在某些特殊场合和取得少有的成就时使用，价值就会增加。采用的方法可以是发一封邮件给员工，或打一个私人电话祝贺员工取得的成绩，或在公众面前跟他握手并表达对他的赏识。

如果领导者用心去激励员工，就不会仅说赞美的话，而是会用鼓励话语让员工带着自信去成长。鼓励不论是对于优秀的员工还是普通的员工一样有效。鼓励会让优秀者更加优秀，也会让普通员工变得不普通。

领导者对员工的鼓励要达到一定的效果，如图7-1所示。

---

❶ 杰克·韦尔奇，约翰·拜恩.杰克·韦尔奇自传[M].曹彦涛，孙立明，丁浩，译.北京：中信出版社集团，2017.

表扬员工时，应达到以下效果：

· 增强他的信心与自尊心。

· 使其继续坚持你所鼓励的积极行为。

· 让其意识到你对他的认可。

· 产生源于内心的动力和热情。

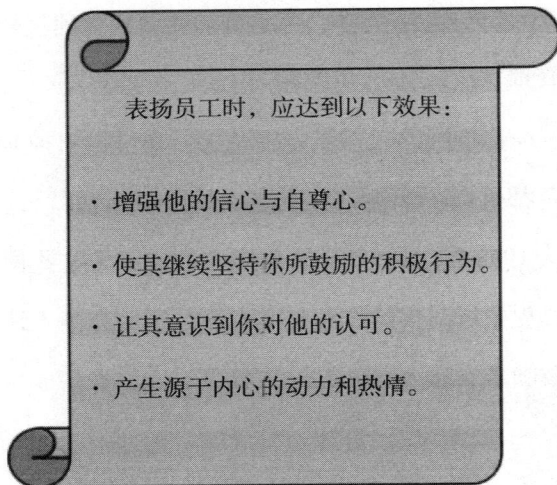

图7-1　鼓励产生的效果

1. 用鼓励增强员工的自信心与自尊心

每个人都有渴望尊重的心理需求，如果被领导者表扬了，员工内心就会变得更加自信，下次做事的时候就会更加用心。

2. 能够强化正向的行为

一个人被鼓励以后，更能够继续坚持受到鼓励的积极行为。想要对员工的积极行为进行强化，就需要不断地鼓励。

3. 鼓励是对员工最大的认可

优秀的员工可以进行物质嘉奖，也可以进行精神鼓励，无论是哪种鼓励，都能让其意识到被认可的欣喜。有了认可的力量，就会激发员工内心更多的力量和潜能。

4. 鼓励能让员工拥有源源不断的动力和热情

如果命令员工去做一件事，那是被动的行为。而鼓励则是激发员工自主自觉的行为，人产生了自觉行为，往往能够拥有更多的动力和持续下去的热情。

给员工下命令的时候允许质疑

不少领导者喜欢采用控制风格，喜欢享受权利和高位带来的优越感，行事比较独断专行。最明显的表现就是自己提出的意见或决策不允许员工质疑，认为员工质疑是让他没面子，让他没有存在感。提出疑问的员工会成为他的眼中钉、肉中刺！这样的领导者是需要修炼格局的。

在企业中，一些人通过努力或机遇赢得一定的地位后，不但格局没有提升，反而产生了"官僚作风"。他们会动不动挑剔别人，喜欢听好听的话，沉浸在自己的舒适区，享受地位带来的便利，会以自我为中心，自以为是，把权力当筹码要求别人"绝对服从"。

一个正能量的优质团队，应该鼓励质疑的行为，员工可以委婉指出领导者所说的东西不对，这样领导者才能听到更多不同的声音，更有利于整个团队进步和成长。

如果一个组织中，领导者说的每一句话都是"金口玉言"，每一句话都需要员工绝对执行，那么这个领导者就必须保证绝不失误。因为只要他说错一次，就会造成极大的损失，没有人替他分担。

事实上，对于一个领导者而言，能承受多大的质疑，才能承受多大的掌声，所以要理性、客观地看待不同的声音。

给员工下达执行命令的时候允许员工提出疑问，有几个好处：

其一，敢于质疑领导者的人，往往都是有能力的人，这种质疑声能够使执行方案更有参考价值，有利于团队发展。其二，因为有质疑的声音存在，不会让决策掺入私人欲望，大家可以更加坦诚。其三，有了质疑就能使领导者更加警醒，意识到自己应担的责任，更加慎重地做出决策。其四，拥了质疑文化，就等于建立了民主的倾听和畅所欲言的机制，这是正义与公平的基础。

所以，好的团队是允许质疑的团队。那些"死气沉沉"的团队往往"官僚作风"盛行：领导者说了算，员工只能听着，钩心斗角，拍马成风；没有事业，只有私利和斗争。相反，那些充满活力的团队往往人与人之间是平等的，任何员工都敢发声质疑领导者，一个团队没有绝对意义上的谁说了算，只有大家共同遵守的价值观和目标，任何人都可以就团队任何事情发表自己的看法。领导者不再是权威，员工敢于质疑领导者。

员工敢于质疑领导者，就是领导者的决策员工敢质疑；领导者的行为员工敢质疑；领导者的言论员工敢质疑。在充满质疑文化的团队中，没有权威可言，只有就事论事的务实作风。这样的团队为什么会充满活力呢？原因有三点：

（1）质疑代表允许不同的声音出现，对于每个员工都是一种无形的激励。尤其对于那些优秀的员工而言，能够发出自己的声音和想法，是非常具有激励作用的，他们会知无不言，进而能够拥有更多的自主权与创造力。

（2）质疑代表平等，可以避免控制和拍马屁的风气产生。在允许质疑的团队中员工会更加专注于工作，而不会工于心计，溜须拍马，如此，员工的能量都会用在怎么提升团队氛围和工作质量，而不会钩心斗角。

（3）质疑的背后代表真诚，有什么问题摆在明面儿上来说，会节省更多反复和不畅快的沟通时间。让团队成员更好地理解企业的决策，减少纠结，提升执行的效率。

如何才能形成允许下属质疑领导或互相质疑的文化呢？

首先，领导不要觉得自己无所不知，要知道人人都有短板和无知的一面，越是有能力的人越谦卑，越能承认自己不是万能的，不自以为是是向成长迈出的关键一步，也会让自己不断成长。

其次，组织对待成员要一视同仁，尤其对于那些企业老人、具备很高职位的员工，如果在薪金待遇各方面都比普通员工高很多，就会助长这些人的"官僚心理"。在这方面，华为的做法就很值得借鉴，按照华为的制度，45岁即可退休，但仍可得到分红，仍有股份。华为这样做，就是让老员工们既有好的归宿又不影响企业发展。

进行长远打算而不是短期考虑

组织团结一致的基础是有一致的目标，目标又分为短期目标和长期目标。长期目标一般时间跨度长、要求高、变化比较明显。为了实现企业的长期目标，必须关注个人目标这个成长性问题；每个人都有自身的局限，未必会有足够的长远规划。所以，领导者必须关注企业内每名员工设定目标的情况。帮助他们设定更长远的目标，引导他们设定与企业长期目标一致的目标。人可以为了长期利益而放弃短期的利益，让个人设定与企业长期目标相一致的目标，更有利于人员的稳定。所以，应为企业进行长远打算而不是进行短期考虑。

长远打算一般包括聚焦、透明、协同和挑战这四个特点。

1. 聚焦

主要是强调目标要集中，不能太多，支撑目标的关键结果也不能太多，正所谓少就是多，如果什么都想要等于什么都抓不住。

2. 透明

就是什么事都要摆在明面上来商讨。在管理实践中经常有的现象是，在一起开会时，每个部门的负责人都一本正经地汇报自己部门的工作，一旦涉及其他部门的事情，要不气氛剑拔弩张，要不就都不捅破，一个职场理性的场所常常被各种情绪笼罩，缺少了透明的文化和载体。透明就是各部门可以就事论事，不带情绪，理性碰撞和讨论。比如，谷歌公司有个白板，每个人把各自的想法和意见写到上面，避免"部门墙"。另外由于目标透明，也可以清晰看到在实施路径上有哪些卡点，如果目标实现不顺利，就知道卡在哪里了。哪个部门或哪个负责人没有完成目标一目了然，减少了推卸责任的可能性，从而提高了企业的运营效率。

3. 协同

在信息透明和共享之后，部门之间会有更多的协作，比如，把企业的总体目标作为大家共同的目标，在实现目标过程中可能会出现某个短板，这个时候，为了总体目标的实现，部门之间必须协作才能克服短板，催生出"福祸与共"的团队协作精神。

4. 挑战

企业面临很多不确定因素，每天都面临着各种挑战，设立挑战性的目标能更好地预知未来和拥抱未来，增强企业的抗风险能力，也是激发员工主观能动性的有效激励。

综上所述，在为组织进行长远打算的时候，设定的目标一定是公司最重要的、与公司发展战略相关的目标。比如，一家企业的发展目标是扩大经营规模，计划来年新开一家门店，但是由于这两年外部市场竞争激烈，内部公司中层管理干部人才梯队还没有完全搭建起来，基层人员流失率高，开一家新店对这家企业来说还面临一些困难。但是，如果不开新店，原来市场就会被竞争对手占领，所以开新店这个目标充满挑战，公司决定将其设为公司的一个重要目标。接着，对开新店的目标要用"5W2H"法进一步清晰和明确：任务是什么？为什么？何时？在哪里？主要负责人是谁？如何做？预算是多少？

透明不仅指把明确的目标告知团队，还要邀请公司与目标相关的核心关键人员共同参与，一起讨论，倾听大家的声音。只有在核心关键人员对目标达成了共识，才能将目标继续分解。清晰的目标让员工对企业共同目标有了归属感，知道自己是属于这个企业的，有了身份认同，也知道自己在做什么，自己会给企业做出什么贡献，清楚与其他员工之间如何相互配合支持，从而提升协作效率。

在完成目标的执行过程中，特别强调所有与目标相关的人员需要定期沟通，比如，每周进行沟通，评估大家对完成任务的信心指数，共创具有创新的实施路径，适当修正实施路径，合力协同作战。在此过程中的沟通一定会暴露出各种问题，比如，有人以缺乏资源为由延误工期，有人推卸责任，总是找他人的原因，为自己没有及时完成工作而推脱等。此时需要领导者引导员工回看达成共识的那个闪闪发光的目标，再次阐述这个目标是如何体现企业使命和愿景的，以此来激发员工的内驱力和主观能动性，把员工带回到完成目标正确的道路上。此时是每个人修炼坚持目标、坚韧、信任、付出等内在领导力最好的时机。所以，进行目标管理的企业，部门协同和创新思维均会有明显的提升。

目标的完成度不要求 100% 完成，而是要求团队尽全力去完成，用谷歌的评估方法是完成度在 0.4~0.8 是最好的目标，如果完成度过高，说明目标缺乏挑战性，而完成度过低可能是一个无法企及的目标，会挫伤大家的积极性。另外，目标的完成度不建议与薪酬奖金直接挂钩，完成目标的短期奖励更多来自工作本身给员工带来的成就感和价值感。长期奖励是员工的成长与公司发展共赢所带来的收益。

取消无效、重复的工作

不少领导者发现自己的团队效率不高，很多时间都浪费在了重复性的工作上，但不知道该如何解决。

重复性地工作就是将时间和精力投入在事情的低效率环节中，高效率地工作是将时间和精力投入在事情最高效的环节中。所以："最可怕的是比你聪明的人还比你努力，而不是比你聪明的人还比你用更多的时间。"

团队中经常会出现一些无效且重复性的工作，以开会为例，这样的场景很常见：

开早会时，领导者把员工召集起来，一开就是半小时。

开完早会，员工并不知道领导者在早会上到底讲了什么。

大部分人身体在办公室，状态还在卧室，浑浑噩噩浪费了一上午的时间和精力。

到了晚上开晚会，领导者的分享又没有重点，纯粹只是为了开会而开会。

明面上，这个团队很有战斗力，这么晚还在开会。可是这样的晚会，员工从中学到什么东西了吗？对他的成长有帮助吗？长此以往，领导者每天都重复做这样的工作，真的对团队有帮助吗？

要摆脱无效、重复的工作，先要找出对实现团队目标最重要的环节，对目标最有帮助的环节就是最重要的环节。

领导者可以开会，但是要以对"目标的回顾"为主要目的，而不是说一些无关痛痒、无意义的话题。通过目标回顾才能发现大家对目标的理解有没有差异，实施目标的策略路径是否达成共识。

领导者要不断地反思：此时此刻在做的事情，是不是真的会创造价值？企业中真正创造价值的人是谁？有多少人不创造价值，或者不直接创造价值？明白了这些，还要搞清楚为什么员工做的事情是无效、重复的工作，这往往有以下五个原因：

1. 员工摸不着门道不知道干什么

如果领导者没有率先垂范，或者没有明确的指令和目标，单凭下命令让员工执行，往往会导致员工感到茫然，只好靠自己的悟性和惯性去理解和做事，员工又希望做的事被领导者看到，所以就出现了员工明明很忙，却在原地打转的状态。

2.员工不知道如何去干

有的企业已经明白员工入职后进行严格培训、轮岗的好处，并且每年都组织带薪培训和专业拓展。而多数企业还停留在野蛮生长阶段，要么不培训直接上岗，要么没有针对性地去培训，虽然企业进行团建活动很红火，但是仅限于激励和团队建设，使员工激情澎湃，但在专业领域依然没有多大提升，没有宏观的战略规划，使员工浑身有劲但不知道使向哪里。

3.员工不能得心应手地干

有很多领导者知道执行力的前提是需要放权，但放得又不彻底，员工干什么都得申请、报批，如果遇到管理层级多，层层上报，导致员工心有余而力不足，干得很不自在，不能得心应手。假如遇到不懂流程的人管理一伙懂流程的人，还要指手画脚，那么下面执行的人又如何能够放开手脚干呢？

4.员工不知道干好了有什么好处

一般企业都知道员工干不好如何惩罚，却忽略了员工干好了有什么奖励，只有领导者提前把好处和前景描绘得诱人，才能让员工一心向往。领导者意识到了这个问题，激励措施也在大大增强，但是在制定激励政策时却往往犯一个错误，就是把政策制定得太过复杂，使员工很难算出来下个月自己花多少精力，达到什么结果，就能获得多少回报。这样就使激励政策的作用大打折扣。

5.领导者制定的奖惩指标有偏差

有奖有惩是最好的激励手段，但大部分企业却并没有掌握合适的力度，往往考核指标不合理成了企业最常犯的错误，突出表现在定性指标太多，诸如团队精神、创新能力、忠诚度等，五花八门。这些指标的考核分带有太多的人为因素，如果在一个"业务能力强的人往往不太听话，不干活的人往往人缘比较好"的企业中，这会造成什么后果呢？不干活的人照样能够获得很高的综合评分，个人利益不受影响。规则让位于人情，该处罚的不处罚，你好我好大家好。当罚而不罚严重破坏了游戏规则，如此一来，执行效果因领导者的偏差而出现偏差。

所以，想要让整个团队不再做重复性的工作，以此来提高执行的效率，需要从以下三个方面来改善：

1. 目标清晰

把目标写成一个流程或书面的内容，明确描述工作的内容、期望的结果，完成的时间，谁是主要负责人，谁是辅助人，大家签字生效。

2. 有方法可依

如果在落实目标的过程中有套清晰的方法，那么员工就可以依照这些方法展开工作，工具和方法有时候比要求更直接好用。比如无印良品的工作手册《业务标准书》和*MUJI GRAM*，把开店前准备、收银台业务、店内接待业务、配送业务、商品管理、店铺管理等全流程细节进行了细致规范，甚至每一件商品的摆设陈列、员工的装束打扮、店铺的清洁方法都事无巨细地做了明文规定和图片说明，让客人无论走进哪家店铺，都能体验到同样的氛围和服务。同时，针对每天现场发现的许多问题点和改善方法，工作手册也会每月更新一次，持续完善。

3. 执行流程要合理

企业对工作流程本身进行调整与优化，才能使复杂的流程简单化，易于操作和执行。领导者可以对流程的各个环节进行分析，检查工作流程中是否存在不必要的环节与步骤，考虑是流程本身设计复杂还是执行过程中人为延长了环节停留的时间，把效率优先视为优化的关键。

消除无实际意义的流程和步骤

在当今快节奏的时代，时间对每一个人而言都显得无比重要，人们都渴望快速获得自己需要的价值，尤其是在市场竞争激烈的形势下，高效率地满足客户的需求，是快节奏时代客户的要求。因此企业要对保证效率、优化流程这件事予以重视。当消除了无实际意义的流程和步骤之后，整个组织的效率就会提升。

无论企业处于哪个行业，团队工作的流程和步骤越精简，执行的效率越高。所以，要经常问问自己的团队，做这项工作的步骤是什么？能去掉其中一个步骤吗？

如果你观察蚂蚁的团队，就能发现这些小小的生物是非常讲究效率的。例如，蚂蚁发现食物后，如果有两只蚂蚁，它们会分别走两条路线回到巢穴，边走边释放出一种它们自己才能识别的化学激素做记号。先到达巢穴的蚂蚁会释放出更浓重的气味，这样巢穴中的同伴就会循着气味选择正确的路线去搬运食物。从工效学的角度看，人类的工作过程（流程和具体动作）都不可避免地存在过多的、累赘的环节。因此，提高工作效率的一个重要途径就是善于发现、分析并且减少这些冗余的环节。

优化流程即从现有的流程中发现冗杂部分、减少不必要环节，从而达到提高效能、降低成本等目的。

企业需要从以下四方面着手考虑：

（1）从时间角度考虑，及时响应客户的需求，满足客户随时能够进行交易的要求。

（2）从空间角度考虑，在信息获取、交易场所或者是服务地点的选择，考虑到客户的各种特殊需求，让客户感到便利。

（3）从服务的过程中考虑，满足客户对交易过程的便利性要求，做到交易过程简单、省时。

（4）解决问题便利和及时，尤其对于客户的反馈信息，能够进行跟踪管理，确保客户得到便捷高效的售后服务和问题的解决。

比如，亚马逊"一点即可"的订购流程，交易的便捷为客户省却了诸多烦琐的流程，客户购物时不需要每次都输入有关的基本信息；星巴克的操作流程也为众人所称道，客户每次打电话订餐时无须输入个人地址、爱好等信息。这就是尽可能减少烦琐的流程，以便提升服务效率。

美国管理学认为，流程的优化有以下三方面：

（1）企业的使命是为顾客或者服务对象创造价值。

（2）创造价值的是流程，而不是哪个部门和个人。

（3）企业的成功来自优异快捷的流程运营。

这充分说明了流程在企业中的作用，说到底，企业的管理，就是流程的管理。在整个流程管理中要明白客户的要求，一般客户要求无非是要快、要正确、要便宜、要容易。说简单一点，顾客就是需要时间、质量、成本、服务。这就要求企业按预定的时间、可接受的品质以及可能的最低成本，依据客户的需求去做。这就需要领导者对流程进行优化，减少流程中臃肿的地方或者无意义的地方，以满足客户需求。

所以，优化流程，首先需要确定目标。你为什么要去优化？你期望优化后达到什么样的效果？你期望的和现实的差距在哪里？通过流程优化可以实现吗？如果可以，那就是流程优化的问题。你可以将期望描述得更加具体，作为流程优化的目标，如果不可以，则可能并不是或者说不单单是流程造成的，需要进行更深入的分析。

想要做到服务流程的优化，确定目标就相当于提前预见问题，想到会在某一个环节出现问题，从而提前规避。确定潜在的问题点，设想一个更好的客户体验之旅，这能帮助企业制定综合的服务策略、管理方法，同时能够为内部团队提供完成业务目标的新方法。

好的流程并不是一成不变的，而是需要不断地把最新的经验、失败与教训整理出来，优化到流程里。同时，一个流程如果太复杂，就需要考虑简化，至少能够让新人看得明白。但很多时候，领导者并不知道如何改进，或者是在原有的路径上走得太顺利了，员工不想去改变。这时候，"预见问题"，就是一个良好的方式。简单来说，就是通过一些影响比较大的事件，来反向推动流程改进，而不仅是考虑流程本身的内容。

在流程设计方面要有系统性思维，也就是对服务的各个环节和触点从头到尾理一遍，把服务的所有环节都考虑进去，这就是一个系统，然后要对每个环节做分析和准备。另外，还要具备数据化思维，比如，要知道整个系统中哪个环节最容易出错，然后有针对性地在服务流程设计中把这个问题解决掉，就等于能预知这个问题了，所有问题都在数据里。最后还要有现场思维，问题往往在场景里能够看得更直观，一定要去现场，不去现场就看不见问题，也发现不了问题，更不能预知问题。

所以，在流程设计上，领导者要少讲概念、少喊口号，要多思考当做出引入某一项决策时，到底能为企业带来什么？如果一项技术或概念不能给用户创造价值、无法提升内部效率，就是没有任何意义和价值的，只能白白消耗组织激情、浪费公司资源，这是坚决反对的。当企业能够提前预见一些问题，并且能够落地，这样的流程设计才是有效的。

领导者必须坚持使命驱动和愿景牵引，坚持以用户为中心的经营理念，坚持尽精微、致广大、持续改进、臻于至善，坚持对新技术的务实应用，坚持以心为本、务实精进，为推动企业下一步的管理变革，打下坚实基础。

全员养成内向思维、数字思维、成果思维

企业要想盈利，领导者和员工必须具备三种思维，分别是内向思维、数字思维和成果思维。

1. 内向思维

内向思维也叫强者思维。意思指"我是一切的根源"，只为困难找方法，不为问题找理由。当有问题时，要自己寻找问题的原因和解答，而不是向外去寻找原因和解答，是一种聚焦自身的思维模式。成长大于成功，没有人能一直成功，但每个人都可以一直成长。这才是真正的强者思维，不会总想着如何去证明"自己是对的"，而是时刻想着自己能不能提升和

成长。

团队一把手的内向思维，会带动所有人的内向思维。上行下效，就是这个道理。管理就在一线，方法也在一线。所以，一线才是领导者该去的地方。而员工需要为一线出现的问题提供解决办法。

内向思维，就是自我不断反思改进：我是问题的根源，我是生命的责任者，我百分之百承担责任。如果一个团队中，人人都具备了内向思维，出了任何问题都积极去担责任，这就是一个非常强大又不断成长的团队。

2. 数字思维

数字思维也称为数据化思维，指任何一个工作目标的达成，都要有数字来进行考核和执行，同时也应该用数字来衡量完成的情况。数据化思维是一种根据数据来思考事物的思维模式，是一种量化的、重视事实、追求真理的思维模式。数据思维并不只是将事物单纯地数字化，而是要求理性地对数据进行处理和分析，讲求逻辑推理，找出数据背后的真相。即根据数据能够知道发生了什么，为什么会这样，有什么样的规律，从而形成定性结论。

事实上，只要我们重视数据化管理，在数据化管理上下功夫，数据化管理可以发挥更大的作用。管理活动时时刻刻都离不开数据。

经营企业就是简单的数字思维。一个简单的数学公式"10-8=2"就体现了经营企业的全部思想与过程，"10"是收入，"8"是成本，"2"是利润。在这个过程中，企业家需要做的事是：如何将10变成11、12甚至更大；如何将8变成7、6甚至更小；这样利润2就会增大。企业家的目标就是盈利，企业家一定要有数学思维，时刻进行"10-8=2"的计算。

数字思维是具体的思维，比如，销售人员一天打多少电话、成交几个订单；采购部门要对比几家进行招标比价、采购多少量等，都需要数字。数字思维不是模糊的概念，不是"要提升管理效益""要大大降低成本""感觉不错"等模糊语言，而是切切实实能计算出的数字。

3. 成果思维

成果思维也叫结果导向思维，也就是根据想要完成的结果，需要实现怎样的价值，评估环境因素，创造条件，反推过程的思维模式。

成果是检验价值的唯一标准——我们做的任何事，如果没有成果等于没有做。我们上学是为了学以致用，工作是为了实现价值。换言之，如果学不到知识则没有结果，工作混日子等于没有结果，无法为家庭、公司、社会做出贡献同样没有结果。所以，要训练全员的成果思维，有了这种思维才能在工作和生活中以结果为导向。

企业是一个为客户创造价值的经济组织，员工为客户创造结果，企业才会有盈利，员工也才会有收入。员工与客户价值之间，存在着必然的因果关系，这是最基本的逻辑。这种逻辑关系意味着，执行的结果是"客户价值"，凡不创造客户价值的，无论多辛苦都不是功劳，都没有价值。

两个员工去做老板交代的同一件事，一个执行了任务没有拿到结果，一个既执行了任务又得到了结果，如果你是老板，你更欣赏或喜欢哪一个员工？下面是买火车票的案例：

五一劳动节期间，××医疗设备公司要派10个人去青岛参加一个展会。

每逢节日，铁路客运就非常紧张，旅游旺地更是如此。4月27日（火车票预售的第一天）一大早老板就派小刘去火车站买票。过了很久，小刘满头大汗地回来说："售票处人太多了，挤了 3 小时才轮到我，但是窗口的所有火车票，包括硬座、硬卧、软卧都卖完了，没办法，我只好回来了。"

老板非常生气，将小刘批评了一顿，然后派小张去了。小张过了好长时间回来说："票确实卖完了，但我想了其他四种方法请老板决策：一是买高价票，每张要多花 100 元，现有 15 张；二是中途转火车，北京到济南有 × 趟，济南去青岛有 × 趟，出发时间和到达时间分别是……三是坐飞机，×× 日有 × 班飞机，时间和费用分别是……四是坐汽车，豪华大巴每天有 × 次，时间和费用分别是……"

老板会重用谁？买车票是"任务"，到青岛是"结果"，挖坑了，没有水，别怪我。挖井是任务，挖到水是结果。经常有人说："我已经按照您说的做了，我已经尽最大努力了。"

如果是员工能力问题，要重点评估：是交办工作超出了个人能力范围，还是随着公司业务的发展，个人的学习成长速度不够快，达不到要求？前者可能是培养性质的试错，看看员工的能力到什么层级；后者已经影响日常工作开展。

所以，成果思维就是要训练全员养成"事事有结果"的行为习惯，而不是有过程却没产生任何价值。

先设定要达成的目标，再将目标分解，达成目标需要什么样的条件？已经有了什么条件？还需要创造什么样的条件？什么时间完成到什么程度？这一切都围绕着目标，所以领导者和员工必须具有成果导向思维。

如果企业的全部成员都能养成以上三种思维，那么就会形成一种无形的盈利思维、向上思维，最终能够使企业走得更远。

第8章

全员领导力的支柱

照顾员工，不局限于工作期间

稻盛和夫说过："如果没有员工，经营者一个人绝对做不成企业……，员工幸福，大家接着就会想到客户，股东也会高兴，所以核心就是创建一个让员工开心的场所。"所以，领导者要时刻把员工放在第一位，重视员工的感受，无论在工作还是生活上，都要照顾员工。

现代社会生活节奏快、工作压力大，工作与生活平衡越来越难以实现。而精神紧张、压力过大的员工反过来也会影响企业的生产力和创造力。

我们都知道哈里逊的故事：

1993 年，正当经济危机在美国蔓延的时候，哈里逊纺织公司因一场大火化为灰烬。3000 名员工悲伤地回到家里，等待着董事长宣布破产和失业风暴的来临。在漫长而无望的等待中，他们终于接到了董事会的一封信：向全公司员工继续支薪一个月。在全国经济一片萧条的时候，能有这样的消息传来，员工们深感意外。他们惊喜万分，纷纷打电话或写信向董事长亚伦·傅斯表示感谢。

一个月后，正当他们为下个月的生活发愁时，他们又接到公司的第二封信，董事长宣布，再支付全体员工一个月薪酬。3000 名员工接到信后，不再是意外和惊喜，而是感动得热泪盈眶。在失业席卷全国、人人生计均无着落的时候，能得到如此照顾，谁会不感激万分呢？第二天，他们纷纷涌向公司，自发地清理废墟、擦洗机器，还有一些人主动去南方一些州联络被中断的货源。3个月后，哈里逊公司重新运转了起来。公司对员工的关爱使员工使出了浑身解数，使一个濒临倒闭的公司出现了奇迹。

所以，企业的核心和根本就是自己的员工，照顾好员工才是在保护竞争力。

领导者如果想知道员工在企业中干得是否快乐，可以进行关于敬业度的调研。

通过调研，可以发现员工是对哪些地方不满意，哪些地方感受良好，以此来改善员工的体验，使其敬业度更高。要有效地提升员工敬业度水平，就需要主动设计和管理员工的体验，进而提升他们在工作中的投入度。

一般对以下要素进行调查：

（1）认可。我在岗位上的工作能得认可吗？在过去的一周，我因工作出色而受到表扬了吗？员工离职往往因为不被认可。

（2）快乐。工作中我能获得真正的快乐吗？快乐的员工比普通的员工敬业率高10%。

（3）个人成长。在工作中，我有机会做我擅长做的事吗？工作单位有人鼓励我的发展吗？员工希望在工作和生活中得到成长。

（4）满意度。我对自己的薪酬福利和工作环境是否满意。

（5）健康。我的工作压力很大吗？我有良好的饮食和睡眠吗？健康的员工更有精力和更高的工作效率。我的主管或同事关心我的个人情况吗？

（6）形象代言。如果公司让我成为代言人，我愿意推荐我们公司是最佳的工作场所吗？我们公司有值得骄傲的企业文化吗？

（7）人际关系。在工作中我与领导关系相处和谐吗？与同事之间相处融洽吗？我的同事们致力于高质量的工作吗？我在工作单位有一个最要好的朋友吗？

（8）意见反馈。有人对我的工作提出过建设性的反馈意见吗？在过去的六个月内，工作单位有人和我谈及我的进步吗？

（9）我为什么能够留下来，我看重的公司价值是什么呢？

通过以上九方面对员工进行敬业度调查，能够看出员工在企业中的幸福指数是高还是低，如果员工表示自己享受工作，无论从薪资和认可以及个人成长方面，都能得到好的体验，那么他们就会备受激励，对工作的敬业度就会非常高。反之，员工的敬业度低则代表员工体验不好。当领导者把员工体验放在首位时，就离成功不远了。有意义的工作、优秀的管理层、良好的环境、成长的机会，以及对领导者的信任，这都能显著提升员工的敬业度。

通过敬业度调查，领导者可以对员工不满意的地方进行调整，对员工满意的地方继续保持，这样才能有针对性地去关照员工，让他们感受到企业的温暖，从而踏实工作。

怎么照顾员工呢？

1. 重视员工物质和精神两方面的幸福

无论什么行业，如果管理者既关注员工的物质收入又关心员工的精神状态，全体员工就会同心同德，把企业经营得更加出色。可以用薪水激励员工，也可以经常组织员工团建或聚餐，大家坐在一起交流感情。

2. 让员工跟着你过好日子

员工真正希望的是在公司长久地干下去，是希望过上好日子，所以，公司要为员工的幸福着想，不但要满足员工基本的物质生活，同时还要给员工提供发挥才能晋升的空间。要重视对员工的培训，让他们不断提升专业能力和综合素质。

3. 关心员工的吃、住、婚嫁

比如，海底捞员工的住宿、生活条件，都是同行业没法比的。而且海底捞新员工一到岗，店长就会亲自为他服务，亲自带他认识其他员工，亲自帮他买生活用品，亲自带他到宿舍，亲自帮他打饭。所以新来的员工对海底捞的第一印象就非常好。这些都充分体现出海底捞的人性化服务思想。

用企业文化激励员工

一个企业需要有文化来支撑，需要用三观来凝聚人心、激发活力、增加利润以及品牌升级。通过三观的引导和传递可以让企业生出更多的利他之心，通过赋能的管理方式，自上而下地释放权利，让员工有更多的创造性，发挥集体的智慧，共同推动企业的发展。企业文化是企业在生存和发展过程中形成的一系列核心价值观，以及受此影响和制约的组织行为方式和员工行为方式。运用企业文化的激励方式，能够有效调动员工积极性，使全体员工朝着组织既定的方向前行。

美国著名管理学大师弗朗西斯说过:"你能用钱买到一个人的时间,你能用钱买到劳动,但你用钱买不到热情,你不能用钱买到积极性,你不能用钱买到一个人对事业的追求。而这一切,都可以通过企业文化争取到。"

企业文化重在"文化",是企业文明程度的反映。优秀的企业文化能够营造良好的企业环境,提高员工的文化素养和道德水准,激发员工的积极性,使其工作更有热情,同时可以提高工作效率,给企业效益的提高注入新的力量,从而提高企业的竞争力。

我们看一下华为是如何用"三幅画"激励员工的:

第一幅是芭蕾舞演员的脚,一只脚穿着舞鞋,另一只脚缠着胶布,伤痕累累。任正非选择这幅画是想告诉华为员工:光鲜的背后必定是外人无法获知的伤痛和心酸,想要当舞台的王者必定要千锤百炼。

第二幅画是布鞋院士李小文,一个默默无闻脚穿布鞋的院士,朴素无华却充满力量。这幅画是任正非为华为研发团队选的,是想警醒他们,专注才是被这个世界认可并尊重的捷径。互联网时代,你的价值就是将你的特长发挥到极致,而不是时时刻刻将目光放在自己的短板上。这是一个最耀眼的时代,也是一个最简单的时代。

第三幅画是一架"二战"时期伤痕累累的轰炸机,它坚持在空中飞行,并最终安全返航。任正非选这幅画是想要告诉华为员工:"自古英雄多磨难,没有伤痕累累,哪来的皮糙肉厚?"没有千锤百炼,哪来舞台王者?

这三幅画体现了华为的企业文化,也代表着华为人的坚韧与专注,毅力与决心。华为提倡"以奋斗者为本"和"以客户为中心",二者看似对立，但"以奋斗者为本"是实现"以客户为中心"目标的基础条件，而目标的实现又反过来能给予奋斗者更多的回报，两者之间构建了一个立足长远的统一和平衡关系。

天上不会掉馅饼，这是最朴实的道理。华为为普通人提供了改变命运的机会：不看背景，不看关系，不看学历，只要做一名奋斗者，一是努力奋斗，二是做出价值贡献，就能得到认可，得到可观的回报。

企业文化带给全员的激励是一种信念的力量，一个公司的成败并非在于组织形式及行政技巧，而在于每个人心中的信念，以及这个信念对每个成员的吸引力。

企业必须有明确的目标，才能有明确的企业文化。所以，作为企业的领导者，你必须为你的企业设定一个共同目标，你要让员工们知道："我们为什么要来到这里？我们要做什么？我们聚集到一起要达到一个什么样的目的？"明确这些问题之后，员工才能为共同的目标而奋斗，久而久之，就产生了独特的企业文化。

一个企业需要有文化土壤来做基础，需要用正确的文化价值来凝聚人心、激发活力、增加利润以及品牌升级。这种赋能的力量会打破传统管控模式，从我想要员工去做，转变成员工自己想要去做，形成自驱力，从企业高管自己干转变为企业与员工共同去干，这种思维体系的转变正说明企业文化的重要性。

如何用企业文化价值引导员工呢？

1. 为什么而做的事业观

把工作当工作没有多大动力，把工作当事业则会完全不同。把工作当成任务，就会缺乏动力和激情，遇到困难只会感到艰辛、枯燥、乏味；而把工作当成事业来经营，就会"不为困难找理由，只为成功想办法"，真正变被动为主动，从自发到自觉。也只有把工作当成自己的事业来经营，敢于负责、勇于担当，才能于困境中找到出路，于困难中找到办法，于无望中创造可能，于可能中办成事情。所以，组建一个团队初始的目标就是"共同做事业"的决心。如何把团队面临的工作和问题，转化成共同的事业目标，通过高度一致的"事业观"，去一起进步，就看领导者自身对事业的解读和传递了。

2. 如何去做的工作观

如果事业观告诉团队的是目标和要做什么，那么工作观就是告诉团队成员如何去做，如何开展。这需要运用到工作的态度和方法，主动是一种态度，被动也是一种态度；积极是一种方法，消极也是一种方法。经常问一问员工："工作对于你而言，意味着什么？是赚钱的工具，还是想要在工作中体现自我价值？"很多人认为工作的意义就是赚钱，将工作和生活对立起来，认为工作是工作，生活是生活；抱着"拿多少钱干多少事"的态度，不是自己的工作绝不多干，加班的事情能避免就避免。这其实是一种对自己懈怠、对工作不积极的消极观念。

3. 个人价值如何实现的价值观

领导者传递给员工价值观就是帮助员工建立一种认知——我在这里，公司和事业变得越来越好，我获得了什么？只有当一个人意识到自己在这里能获得精神上或是物质上的回报，才会积极去发掘出自己更大的潜力，把自己的利益同团队利益捆绑在一起，这样每个人才会有动力和追求，去一同完成共同目标。领导者最大的价值就是让自己团队的伙伴跟着自己的企业文化，找到工作的价值。

领导者要始终铭记在心的，就是企业的文化土壤。其一，无形的东西往往比有形的东西更重要。要把眼光多放在文化观念和企业氛围上，而不要总盯着业绩多高，利润多少。领导者关注的东西变了，企业带来的回报却会增多。或许坚持一种正向的东西会比随大流更难，而一旦坚持这条路，就会由难转易，渐行渐近。其二，做行业的代表，用有价值的东西引领一个行业，而不是在一个行业里自我沦陷。

企业有了文化，也就有了凝聚人心的力量，再谈赋能才能有据可依，团队才能真正被无形的文化凝聚在一起。

采用绩效使能，激发员工内驱力

我们听惯了"绩效管理"，而现在又有了新的绩效管理模式，如果想要激发全员领导力，单纯使用绩效管理还不够，还需要用绩效使能来激发员工的内在驱动力。

绩效使能是指以激发员工内在动机为目的，充分满足员工自主、胜任和关系三种基本需求，从而释放其创造性的新型绩效管理方式。绩效使能重点强调了一件事情，即"激发员工内在动机"，这是绩效使能与传统绩效管理最大的区别。将动机的关注点从外部转向内部，是"使能"员工，而不是"管理"和"控制"员工，是帮助员工发挥更大潜能，而不是"胡萝卜加大棒"去催逼员工。

为什么绩效管理要从外在动机转向内在动机？为什么说内在动机才是

激励的本质？因为使能就是让员工真正发自内心去做事，也就是拥有超强的自我动机才能实现自驱力。

外在动机是什么呢？简单理解就是干多少活领多少工资，比如，销售一单产品能拿到300元的提成，这300元的提成就是外在动机。当目标非常明确时，外在动机可以很好地发挥作用，它能非常精准地激发员工为之而努力。重赏之下，必有勇夫，就是这个道理。但是，外在动机在针对创造性工作时，就显得特别无能为力。

尤其随着社会经济不断迭代和发展，越来越多的企业和管理者意识到，创造性、创新性的产品和服务才能让企业站得住脚，一成不变的产品和服务已经渐渐跟不上潮流。

心理学家做过一个实验，让两组学生学习多篇文章，然后让他们复述，同时告诉其中一组学生，他们每复述一篇文章会得到1美元。实验结果表明，有金钱激励组学生记忆的内容要多于没有金钱激励组，但他们对文章理解的深度远不如没有金钱激励组的学生。这充分说明，外在激励可以增强机械记忆，却减弱了他们对事物本质的追求。得到了数量，却牺牲了质量。基于内在动机工作的员工，在一项工作上坚持的时间会更长；与之相反，基于外在激励工作的员工，当外在激励存在时，他们工作很努力，但一旦外在激励撤销，员工的工作兴趣会立马减退。

华为是一家非常努力的公司，在创新上的投入也非常大。而华为之所以取得今天举世瞩目的成就，与绩效管理有很大的关系，而华为采用的绩效管理重在"使能"，而非"考核"。在企业里，绩效使能比绩效考核更前进了一步，它更强调事情的价值和意义，让员工能够看到前景，愿意自我驱动。这就比单纯的什么意义都不知道，只是完成一个KPI要好得多。

一位高管曾经形容企业如何驱动员工，让他们产生内在动机，他说：企业的愿景就像是在告诉员工——河对岸有你想要的一切、有你追求的幸福生活，只要你能到达彼岸，你就可以拥有它们。重要的是在这过程中，员工需要会游泳、会造船、会划船等，但是如果不能，那么企业、企业的领导者就要想办法让不能变为能，赋予员工游泳、造船、划船等技能。绩效考核就是告诉员工目标在什么地方，让员工去积极追求。而使能则是想办法教会员工实现目标所需要的本领和能力，并且让他们在取得那个想要的结果的过程中心甘情愿又主动去努力。

著名管理学家马斯洛说过："人都需要发挥自己的潜力，表现自己的才能，只有人的潜力充分发挥出来，人的才能充分表现出来，人才会感到最大的满足。"人具有社会性的需求，人与人之间的关系和组织的归属感比经济报酬更能激励人的行为。需求是一种渴望和欲望，而需求的本质就是一种驱动力，行为是驱动力的外在反应，并影响人这一主体以后的行为动向。它不是表面上的东西，而是内在的，隐藏在事物深处的东西，需要沟通、探索才可以看到。一个人一旦内在产生了自我驱动，无须别人监督和催促，就会形成自觉的行为，长久下去肯定会提高工作效率，个人业绩提升的同时还能使整个组织的绩效提升，最终形成"1+1>2"的效果，如图8-1所示。

图8-1　驱动力与绩效的关系

站在领导者的角度看，绩效使能就是领导者不再是制订计划、安排工作、发号施令的角色，而是转变成了言传身教树立榜样的文化布道者和企业文化、团队精神支柱的代表。是那种能够带着团队往前冲，而不是高高在上的状态，更多的是影响员工，而非管控员工。

站在时代发展的角度看，使能就是让组织和团队不再是固定岗位的集成，而是由一个个不同的个体在自由自觉的状态下形成的良性跨界和融合，是一种自动自觉的发展状态。

绩效使能的本质是推动创新，创新一定是需要内在驱动力的。不注意内在动力的领导者往往表现出的是对员工的"悬赏"，比如："你把前面的山头攻下来，我就让你当军长。"这实际是一种悬赏，但悬赏不会出现真正的创新。企业如果只是用钱，没有其他配套方案，同样无法出现大的创新。所以企业内部必须有新的促进人的自主性的绩效管理机制。

再回到人性的本质上来看，一个人如果内心并不喜欢某个东西，是很难真正投入其中，更何谈创新呢？创新来自一个人的热爱和灵感，当一个人热爱和真正从内心想要去做某件事时，才会觉得这件事情有乐趣，才能投入更大的精力去积极实践。所以，企业需要不确定的、创新的结果时，只能"使能"员工，激发员工的内在动机，满足其自主性。而不是"胡萝卜加大棒"地"管理"和"控制"员工。绩效使能概念就是这么被提出来的。

其实只要是顺应人性，促进内在动机，而不是压制人性，就抓住了问题的根本，是不是绩效使能不重要，重要的是企业和领导者关注点在哪里。如果你激发的一个人的兴趣和内在意愿，是"兴趣＋自主＋胜任＋关系"的复合体，这一切做好了，好事自然成。如果员工都是在被使能情况下进行工作，就会有激情、有效率、有创新的意识和带来创新结果。而这也正是未来时代发展需要的员工，也是未来企业立足和发展必须重视的思维。

团队要做好共识管理

有句老话说："众人同心，其利断金。"一个优秀的团队想要取得战绩，离不开队员的齐心协力。那么，想要达到齐心协力的状态，就要团队成员达成共识。

团队高效的运转要做到"以十当一"，就是十个人团队在运转起来要像一个人一样灵活高效。可做到这一点却很难，总会遇到这样那样的问题。其实，之所以会出现这些问题，主要原因是"团队共识管理"没有做好。

团队的共识离不开几个关键，分别是目标统一、思想统一、规则统一、行动统一、声音统一。

目标统一就是大家对目标有共同的认知，并把目标当成自己的事情而努力完成。一个组织如果没有共同目标，团队成员就会各自为战，去做自己认为正确的事情，或者不知道该干什么了。这样就导致所有人都在上班，都在忙碌，但是忙碌的目标与公司的目标完全无关。达成群体目标共识，就是要求团队成员清楚地知道团队目标是什么，什么时候完成目标，需要谁来完成目标。

而做到目标统一离不开思想的统一，如果你想东，他想西，就不可能一起完成目标建设。思想统一以后，还要建立统一的团队规则，告诉员工什么是该做的，什么是要规避的，什么是原则和底线，任何一个人都不能突破原则和底线。然后大家在一起复盘和开会的时候畅所欲言，在团队内部有观念上的冲突以后，能够互相理解，对事不对人。

企业中形成一套共同的机制和达成共识，是非常重要的指导原则，这样才能打造一流的队伍。每一个不同的组织，可以有自己总结出来的不同的指导原则，然后将共识作为决策的标准。共识是让公司从上到下所有人都能够认可的一个标准，是需要共同维护、尊重的标准，是用这个进行决策的标准。

那么，如何才能让团队达成共识呢？

1. 聚焦难题

在达成共识和执行目标的过程中，难免会遇到完不成的难题，因为有了难题，大家才会产生分歧和意见不合，所以要不定期地总结反思在目标实现中存在的问题。在聚焦难题的时候不要东拉西扯，防止讨论问题的面过于宽泛。然后根据核心问题进行内部研讨，最后形成共识，并采用优先排序法，让全体筛选出最具代表性的问题，3~5个即可。

2. 聚焦问题产生的根源

问题很容易发现，但对问题追根溯源才是团队要做的事情，要进一步引导各小组成员列出问题产生的本质原因，并同样通过小组讨论分享观点，最终通过投票表决的方式达成共识。

3. 研究解决问题的对策

解决问题要结合公司的企业文化和制度，然后选出一个最佳的解决问题的方案。比如，可以选出不同员工进行解决方案比拼，这样能够有效激发大家解决问题的信心，增加趣味性和竞争意识。

4. 拟订更加长远的计划

如果前面的问题得到了妥善的解决，那么后面可以将原来的分组拆散，以部门为单位建立新的规则，针对本部门的现实情况再进行问题聚焦，参考前期的成果，制订包含改进策略和举措、完成时间节点、责任人、监督人及内部奖惩措施等内容的具体行动计划后，上台讲解自己的方案，并做行动宣誓。

5. 每完成一个项目后就会有一次总结大会

由项目负责人进行自我批评和他人补充批评及正向肯定，具体流程是，每一个人先分析自己在本次项目中做得有问题的地方，同时提出后期的解决办法，完成自省。团队中的其他成员如果认为此人还有做得不好的地方，可以进行补充，最后其余的同伴对他本次做得好的地方进行肯定和正向激励。

当然根据这五步进行的同时，要在实际操作的过程中注意不要跑题，不要唯领导是从，要实事求是地找出问题的根源，有针对性地去解决问题，彼此倾听和理解大家的观点，最终才能汇聚成共同的智慧并达成共识。

提升领导力是每一个人的事

全员领导力的最精髓之处就是一个组织或团队中，每个人都可以具备领导力，而不是只有少数几个人为领导者，其他人只是被动执行命令的人。这就提出一个新的思维和认知——领导力是每一个人的事。

一个蜡烛的火光，在燃烧自己的同时，也照亮周围并引燃周围无数个蜡烛以后就是星光灿烂、满天繁星！

所以，不论权力大小，能影响周围的人就是具备领导力的人。比如：施工小组的组长就是领导者；班组的班长就是领导者；部门的部门经理就是领导者；项目部的经理就是领导者；在管理体系中，体系负责人就是领导者。

从这个意义上讲，每个人都是自己的领导者，也是领导者的追随者。

领导力不需要到高层领导者那里去寻找，也不需要到外界去寻找，领导力需要每个人向内看。如果你能够对他人产生积极的影响，你的价值观是正向的，你做的事是有意义的，你说的话是能激励他人的，你的行动是能感染别人的，你还能说服别人相信你……你就具备了领导力。

一个伟大的组织是怎么来的？是因为有一些非常卓越的领导者，他们带领团队的方式就在彰显着一个组织的力量。他们的领导力是什么样子，员工也自然而然地学会了这样的领导力，当员工成长为下一个团队的领导者的时候，他也会用这样的领导力去带领他的团队，这个组织才会真正地成长起来。所以说，领导力是每一个人的事情。

领导力与职位高低无关，而关乎你承担责任的意愿和态度。在高绩效的组织里，每个人都是领导者。从这个层面来说，领导力是一种技能，和其他所有技能一样，每个人都可以习得和提高这种技能。

那么，从哪些方面修炼领导力呢？

1. 以身作则

想影响别人，首先自己就要做到，这就是以身作则。以身作则不仅是打造卓越领导力的第一步，也是最难的一步。一个优秀的领导者要去管理团队，要去领导他人，首先是自己要能做到，所以向内看是成为优秀的领导者的开端。

有位将军，在一次战争中，他要带领他的军队去攻打一个城堡。有些将军可能会冲着部队喊："冲啊！"喊完之后让部下冲锋陷阵，自己却退到后面。这个将军不是这样做的，他知道这是一个很难攻打的城堡，便身先士卒带领部下去攻打。他对他的士兵说："我们一定要成功，我们一定要打下这个城堡，如此我们的军队才能安全。"他带领军队去攻打这个城堡时，自己冲在最前面。第一次城堡没有攻下，部队退回军营后，虽然很多人受伤，但士气高昂，他们说："我们要攻打城堡，我们要赢得胜利。"最后，他们终于攻下了城堡，打赢了那场战争。

一个领导者要获得他人的信赖，要获得团队的认可，关键一点就是你要成为别人的榜样，以身作则，让别人认为你不仅"知"而且"行"。

2. 共启愿景

领导者必须有共启愿景的能力。将个人愿景转化成共同愿景，吸引愿意为之奋斗和努力的人一起前行，以解决社会问题为根本导向，坚定方向，拼尽全力。作为领导者，要始终聚焦长远的愿景，展望未来，想象令人激动的、崇高的各种可能，通过描绘共同愿景感召他人，让大家达成共识，感召他人为共有的愿景奋斗。卓越的领导者善于唤醒人们的梦想，激发人们的活力，为愿景描述画面，最终实现共同的奋斗愿景。

3. 挑战现状

安于现状的管理者只会带领团队走向平庸，而不是继续突破。具备领导力的管理者往往会为了提升整个团队和组织的质量不断挑战现状，只有挑战现状才有可能带来创新和突破。有挑战才能不断改进，不断学习。而所有优秀的领导者无不是持续学习者，敢于挑战现状的人往往是主动的学习者，能够构建出属于自己的成长模型，会带动全员不停下学习的脚步，实现不断进取。

4. 带动更多人成功

一个人的成功是小成功，带动一群人成功才是更大的成功。作为优秀的领导者，要能够驱动大家共同实现人生价值，通过建立信任和增进关系来促进协作，通过增强自主意识和发展能力来增强他人的实力。信任是一切的基石，也是成功的关键，信任更应该体现在每个领导者的行动上，同时一定要增强他人的自信心。这样不但锻炼了领导力，还会带动更多的人也成为潜在的领导者。

5. 激励人心

一个好的领导者会增强其对员工的激励效果。领导者越能够全方位关注他人的幸福，员工越有可能对公司高度投入。领导者对员工的真诚关心、鼓舞，会让大家奋发向前，通过认可和表彰团队成员的贡献，在组织中营造更大的价值。领导者如果能够始终关心体谅员工，就会强化与员工之间同舟共济的感觉。激励不是控制，是真正对于别人的授权，并激励他们为达成共识贡献知识和经验，这样整个团队都能得到巨大回报。

如果人人都知道提升领导力是每一个人的事，那么修炼领导力的过程就是一种自我提升的过程。

用领导力激活组织和个人

我们常说：每个人对我们的组织（企业、实体等）都要有主人翁意识和精神，这样做事才有干劲、有创造力，整个组织都充满活力。领导力的最高境界就是激活组织和个人，让每个人都充满激情与战斗力，然后整个组织就变成一个充满活力的组织。

那么，如何激发员工的活力和工作意愿，提升整个组织的领导力水平呢？

1. 定义自己的价值和信念

领导者应该有把队伍带到哪里的目标，领导者明确了自己的价值观和内心的信念，才有前进的根本动力。这个价值观和信念需要向团队成员阐明，让每个人都认同这种价值观，让他们明白，共同的价值观属于每个人，需要共同坚持。领导者作为组织共同价值观的代言人，既负责传达和强化价值观，又负责持续带动大家为价值观和基本信念服务。

2. 关心全员梦想，调动全员积极性

只要激发了员工的积极性，就是好的管理。只要把员工真正关心的事情弄清楚，把员工的热情和积极性调动起来了，员工有劲头，企业就能做好。西贝餐饮创始人贾国龙认为，"帮人圆梦"这个词中有驱动大组织的独家法门。西贝驱动近 3 万人的大组织，用的一个方法就是"梦想工程"，上到西贝副总裁，下到每一个门店店员，所有西贝员工都要公开说出自己的梦想。而员工把自己内心最真实的渴望公开表达出来后，他的上级领导者就有责任去帮你实现这个梦想。在西贝，新的基层员工入职后，他的店长、经理都要跟他沟通："你未来十年的梦想是什么？"比如有的员工希望自己每个月能多挣 500 块钱，十年后要买一套房子，或者是买一辆车，或者要把父母接到大城市等，这都是梦想。然后会把这些梦想贴到办公场所的墙上，其他人都能看到，这就是西贝的"梦想墙"。

3. 设想积极的愿景

杰出的领导者往往会给组织所有成员设想一个积极的愿景，让大家既要脚踏实地做好当下，又要畅想共同的未来，鼓励大家一起讨论未来，实现共同愿望。领导者要让每个人都能感受到工作的意义，特别是独特的意义，独特而卓越，让每个人都能全身心投入工作中。让共同愿景与每个人的价值观、理想、经验和生活联系起来，让大家都能明白：这是每个人的事，这是共同愿景。为了使愿景形象化，赋予愿景生命，帮助每个人看到并感受到自己的利益和愿望如何与组织的共同愿景紧密相连，有必要勾勒出一幅引人注目的未来图景，让每个人都能感觉到，他们似乎真的生活和工作在那种激动人心的未来。

4. 随时关注外部趋势

优秀的领导者总是关注外部环境的变化，敏锐地观察外部世界，跟上市场变化的趋势，不断挑战当前的做事方式，看到别人看不到的机会，说服团队成员认真对待未来的挑战和机遇。当领导者忽视外部世界的变化，只向内看，享受自己的内部组织时，就像背靠大海站在岸边，总有被身后的海浪卷走的危险。

5. 建立内部成员之间的信任关系

一个团队如果没有信任，一切都将无从谈起，所以大家要建立彼此信任的关系。积极听取不同意见，开展积极对话，让对方感到有价值和支持，接受不同意见，相互理解，感同身受，也有助于建立信任。及时与团队成员分享重要信息和知识也是赢得信任的关键。建立信任环境是第一步。其次，要在信任的基础上加强团队成员之间的相互关系，不断提高工作效率。

6. 庆祝集体价值的实现和胜利

团队的胜利不是一个人的胜利，而是集体价值的实现。每一次成功不论大小，都要把全体成员聚在一起，让每个人都能感受成功的喜悦，让工作环境生动有趣，实现对成功和胜利的即时庆祝，在欢笑和胜利的状态中，继续保持战斗激情。

参考文献

[1] L. 大卫·马凯特 . 授权：如何激发全员领导力 [M]. 袁品涵，译 . 北京：中信出版社，2019.

[2] 樊登 . 可复制的领导力 [M]. 北京：中信出版社，2017.

[3] 李文勇 . 管法：稻盛和夫给管理者的 60 个忠告 [M]. 北京：化学工业出版社，2012.

[4] 罗伯特·史蒂文·卡普兰 . 哈佛商学院最受欢迎的领导课 [M]. 蔡惠仔，译 . 北京：中信出版社，2018.

[5] 约翰·C. 马克斯维尔 . 领导力 21 法则 [M]. 路本福，译 . 上海：文汇出版社，2017.

后记

梳理所有章节，我们应该给全员领导力总结几个关键特点：

领导力是引领他人跟随的能力。全员领导力是自我驱动、相互赋能、高动机、高目标的组织能力。说到底，管理只有一件事，就是激发全员领导力。激发全员领导力可以打造一个高效的组织的原因，可以从几个方面来看：

站在员工的角度看，全员领导力就是让员工充满内驱力，既有工作的能力又有工作的热情，明白工作是给自己干的，而不是给别人干的。不需要只是"听令执行"，而是把自己"培养成具备领导力的人"。一旦员工具备了自我驱动的工作激情，就会从之前"追随别人"变成"影响别人"，就会爆发更多的潜力和信心。

将原本的"金字塔组织"变成"网状结构组织"，让管理更加高效和符合人性。

对于全员领导力的打造，我们还有很多问题需要思考，需要不断学习，更离不开实践。因此，我建议读者，不能为了读书而读书，也不能跟风读，要将书中提到的方法切实运用到具体的团队管理中。

理论是死的，方法是死的，只有实践才是活的，实践也是阅读和学习的要义所在。

认真学习，重视实践，然后不断修正，如此，才能真正让一个组织形成全员领导力！

许辉

2023 年 5 月